Les Broderies et les Dentelles
(Cours en quarante Leçons)
(2ᵉ Série)

Dentelles françaises
et
Étrangères

Les Broderies et les Dentelles

(1re Série)

*

SOMMAIRE

Considérations générales sur les origines de la broderie et de la dentelle.
L'aiguille. — Le crochet. — Les métiers à broder. — Le dessin de broderie. — Le piquage. — Le ponçage.
Principaux matériaux employés dans la broderie. — Exposé des points.
La Broderie dans l'antiquité. — En Égypte, en Grèce, à Rome et à Byzance jusqu'au moyen âge.
La broderie à fils tirés. — Les jours sur toile.
Le point coupé.
La broderie au plumetis ou de Nancy. — La broderie anglaise. — La broderie piquée.
La broderie Colbert. — La broderie Richelieu. — La broderie Vénitienne.
La broderie au passé.
La broderie application (à la main).
Matériaux employés pour les travaux à l'aiguille. — Principaux points des dentelles à l'aiguille.

Le filet. — Le lacis. — Le filet vénitien. — Le filet moderne.
Le point de Venise.
Le point de France. — Le point d'Alençon.
Le point d'Argentan. — Le point argentella. — Le point de Sedan.
Le point à l'aiguille en Espagne et en Flandre.
Origines des dentelles aux fuseaux. — Matériaux employés.
Métiers à dentelle aux fuseaux. — Dessins spéciaux pour les dentelles aux fuseaux. — Piquage des dessins. — Principaux points de la dentelle aux fuseaux.
La Bizette. — La Mignonnette. — La Campane. — La Gueuse. — Le point de Paris. — La dentelle de Dieppe, de Lille, d'Arras, du Quesnoy, d'Aurillac, de Tulle.
Le Puy, Craponne et Mirecourt.

Les Broderies et les Dentelles

(Cours en quarante Leçons. — 2ᵉ Série)

✳ ✳ ✳

Dentelles françaises
et
Étrangères

par

Mᵖᵉ Marguerite CHARLES, O I. P.

Directrice de l'École de Dessin subventionnée de la Ville de Paris (1ᵉʳ arrondissement),
Directrice de l'École de Dessin de la Chambre syndicale des Dentelles et Broderies de Paris,
Fondatrice-Directrice de l'Apprentissage de la Dentelle dans les Écoles municipales de Charonne.

et

M. Laurent PAGÈS, O I. P.

Président de la Commission du Dessin
de la Chambre syndicale des Dentelles et Broderies de Paris.

Ouvrage accompagné de nombreuses illustrations
et de planches hors texte

PARIS
Société d'Édition et de Publications
Librairie Félix JUVEN
122, RUE RÉAUMUR, 122

Tous droits de reproduction et de traduction réservés pour tous pays.

Published 1er décembre 1906. Privilege of copyright in the U. S. A. reserved under the act approved March 3 1905, by Société d'Edition et de Publications, *Paris.*

Les Broderies
et
les Dentelles

PREMIÈRE PARTIE

LES BRODERIES

*

PREMIÈRE LEÇON

La broderie au point lancé ou point plat, au point de croix, au point de chaînette, au point de figure, etc., sur toile et sur diverses étoffes.

Historique. — La broderie sur toile remonte à la plus haute antiquité. Les vêtements des prêtres, dont nous avons parlé dans la quatrième leçon, nous montrent des tuniques de lin brodées ; les linges qui parent déjà les autels, sont également faits de lin et brodés ainsi que ceux qui servent aux funérailles.

À travers l'histoire nous voyons la toile brodée en usage comme objet de luxe.

Homère parle d'Hélène traçant dans son palais une broderie sur une grande toile qui avait la blancheur de l'albâtre.

Les femmes romaines se couvraient la tête d'un voile de lin brodé pour aller au temple.

La mère des Macchabées revêt ses sept fils de robes de lin qu'elle a préparées pour eux et leur dit : « Mes mains ont filé ce lin, tissé et brodé cette toile. »

Héliogabale, empereur romain aussi célèbre par ses folies que par ses cruautés et ses débauches, fit broder en l'an 217 pour sa table, des nappes de lin sur lesquelles on avait figuré, à l'aide de l'aiguille, tous les mets qui pouvaient être servis dans un festin.

Le luxe des broderies sur toile fut également très grand à Byzance. Sous le règne de Constantin on brodait en laine, en fil ou en soie sur les tissus de lin, des griffons, des basilics, des licornes,

Fig. 1. — Broderie sur toile. — Fragment de linge d'autel. (*Musée du Louvre*).

des lions, des éléphants, des aigles, des paons et d'autres oiseaux mêlés à des roues géométriques, à des arbres, à des fleurs, à des pommes de pin. On y représentait aussi des médaillons carrés, en losanges ou en forme d'hexagones, d'octogones, des rayures et même des sujets bibliques et mythologiques. — Les scènes du nouveau testament y ont été reproduites à profusion.

Les nappes et les parements d'autels ont donné lieu à l'exécution des broderies les plus soignées, il en reste des descriptions très détaillées et même des échantillons importants dans les musées de Londres, de Pétersbourg et de Paris. La figure 1 est la reproduction d'un morceau d'une grande pièce de broderie sur toile, exécutée en coton de couleur, rouge, jaune, bleu et noir, qui était sans doute un linge d'autel et doit remonter aux premiers siècles de notre ère, on y retrouve une des dispositions les plus en usage à cette époque. — Page 45, 4ᵐᵉ leçon, premier volume, nous avons donné un fragment grandeur naturelle d'une broderie au point de chaînette, qui est aussi un type de ce genre et qui représente des oiseaux affrontés ou adossés et séparés par l'arbre sacré qui rappelle l'arbre de vie.

L'église de Sainte-Sophie de Constantinople possédait de mer-

Fig. 2. — Broderie sur toile, dite « Tapisserie de la reine Mathilde ». (*Musée de Bayeux*).

veilleuses nappes d'autel où l'or et la soie se mariaient pour orner les plus fines toiles de lin.

Sous le règne de Dagobert, des marchands grecs venaient aux foires du pays des Francs pour y vendre diverses marchandises, entre autres des broderies sur toile, et déjà alors, le fameux monastère de Saint-Gall, en Suisse, contenait des ateliers de broderie dont les tissus ornementés étaient destinés à rehausser l'éclat des cérémonies religieuses.

Grégoire de Tours mentionne de l'an 417 à l'an 491 des broderies d'une grande richesse qui couvraient les murs des églises.

Le drap mortuaire du roi Chilpéric était brodé d'abeilles d'or. — Toutes ces broderies appliquées à diverses destinations étaient faites

Fig. 3 et 4. — Bandes de linge de table avec dessins réservés en toile sur fond brodé au point de croix.

sur de la toile, quelquefois on associait la laine et la soie à des fils d'or et d'argent, ces derniers en petite quantité; le fond de toile restait toujours apparent. Ces broderies étaient exécutées au point lancé ou point plat, au point de trait, au point de chaînette ou au point de figure.

La fameuse broderie, dite tapisserie de la reine Mathilde, exposée au musée de Bayeux et dont nous avons fait mention, page 19 du 1er volume, est une broderie sur toile datant probablement du XIe siècle, des plus curieuses et des plus anciennes qui nous soient parvenues en bon état; elle est brodée sur fond de forte toile, comme on disait dans ce temps-là, au point de figure avec des fils de laine de couleur; le dessin veut représenter la conquête de l'Angleterre par les Normands; il est certainement l'enfance de l'art, mais sa naïveté même en atteste l'authenticité. Les scènes diverses de guerre sur terre et sur mer se déroulent en l'étonnante longueur de soixante-dix mètres formant une bande de cinquante centimètres de haut.

Marchant un peu rapidement à travers l'histoire, nous arrivons au XIIIe siècle, époque à laquelle on broda le linge de table au point plat ou au point de croix en laissant des dessins réservés en toile apparente sur fond brodé ou inversement en brodant le dessin sur un fond apparent de toile. Les premières serviettes de table brodées de soie portaient le

Fig. 5. — Broderie sur toile blanche, XVIe siècle (Travail allemand de couvent exécuté en coton teint de jaune brun).

Fig. 6 et 7. — Dessins au point de croix exécutés en soie rouge sur toile blanche.
(Bordures de Touailles du XIIIe siècle.)

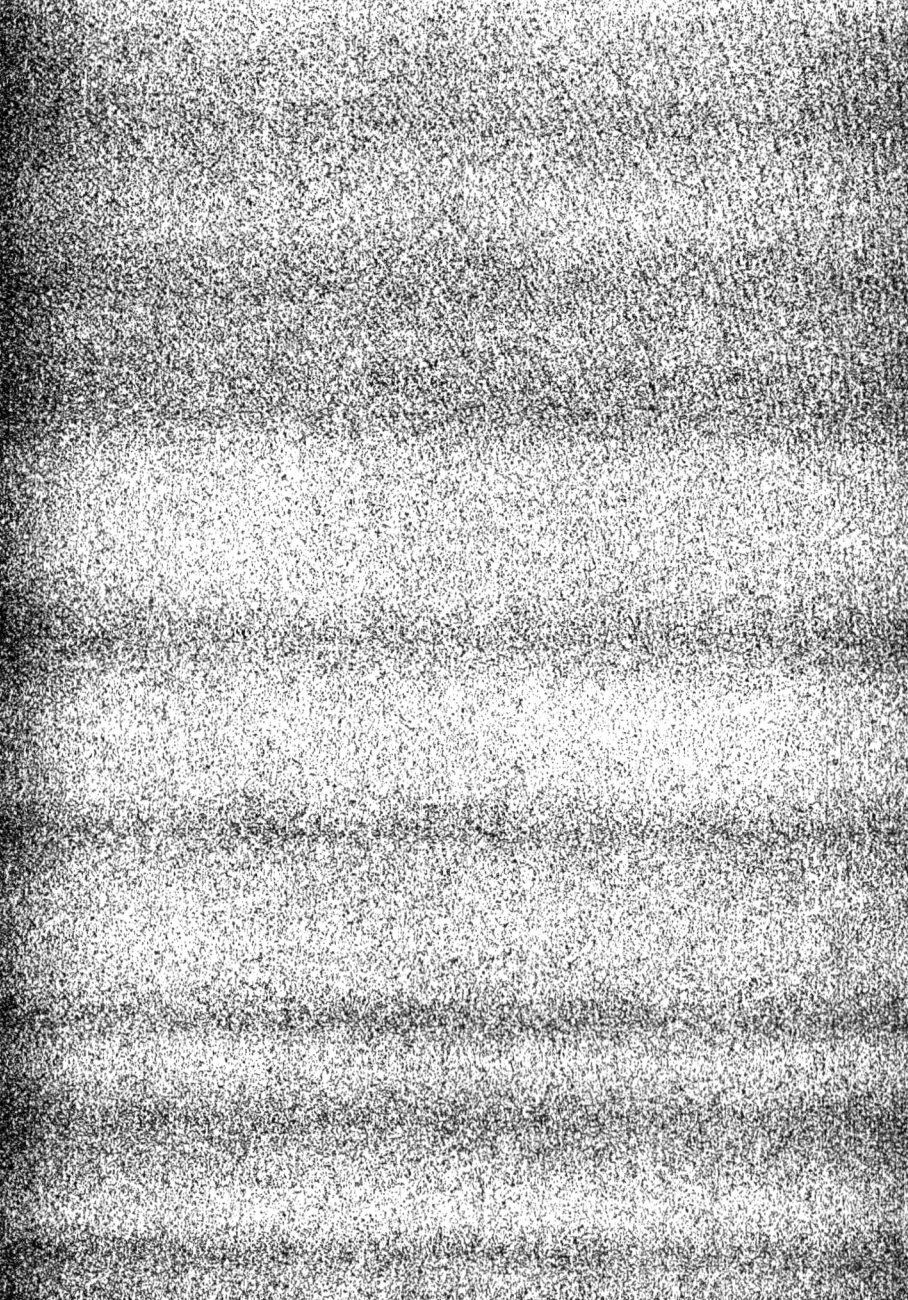

nom de Touailles. En somme, on rencontre la broderie sur toile chez les populations à peu près de tous les pays les plus anciens, et on peut distinguer facilement entre elles ces broderies par leurs dessins et leurs nuances et déterminer leur âge.

En Allemagne, les broderies du xiii° siècle étaient faites de points lancés en zigzag, de chevrons quadrillés et serrés, de croix, de carreaux, sans recherche d'ombres ni de reliefs, elles étaient serties de contours noirs ou bruns, fortement accusés comme dans les vitraux.

L'Angleterre était célèbre par ses broderies connues sous le nom d'*opus anglicanum*, et la chape du monastère de Sion, conservée à Londres au South Kensington Museum, est un merveilleux spécimen des broderies anglaises au point de chaînette de l'époque du xiii° siècle. Le dessin est travaillé en lignes circulaires dont le centre est bombé et comme gaufré au fer chaud. Le point de chaînette a été employé également aux mêmes époques dans différents pays, et surtout en France et en Espagne pour les ornements d'église et l'ameublement, en tentures, coussins, etc.

Le xiii° siècle est une époque de développement pour le goût et le luxe des broderies en Occident ; les pèlerinages en Terre-Sainte et les croisades firent connaître et permirent de rapporter dans les pays du Nord les richesses du luxe oriental. C'est alors que les vêtements, les harnais, les tapis, les accessoires de toilette ont fait l'admiration et l'éducation des brodeuses de l'Occident. Les aumônières ou escarcelles, dont la mode s'était répandue, étaient souvent de tissu d'or ; néanmoins, parmi les plus anciennes, il s'en trouvait de brodées au point lancé en soie sur toile, la broderie était ensuite découpée et appliquée sur velours. Telle est celle ayant appartenu au comte de Champagne en 1233, conservée dans le trésor de la cathédrale de Troyes.

Ces aumônières brodées sur toile, appliquée sur velours de couleur ont été souvent

Fig. 8. — Broderie russe exécutée sur toile en coton de couleurs vives.

décrites. On en faisait aussi en cuir, ainsi que des harnais richement couverts de broderies de fils de soie ; insensiblement ces travaux conduisaient aux broderies au passé et aux peintures à l'aiguille pour lesquelles l'Espagne, la Flandre, l'Italie étaient passées maîtresses. La mode de broder les boîtes à livres et des reliures sur velours, sur cuir, sur soie, date du même temps.

Les travaux espagnols, italiens et grecs du XVe au XVIIe siècle étaient généralement brodés en une seule couleur rouge foncé. Les travaux faits en Orient, au contraire, étaient nuancés de couleurs très variées, mêlées de fil d'or ou d'argent. Ils ont conservé leur aspect primitif à peu de chose près.

Fig. 9. — Oiseau brodé au point de chaînette.
(Travail français du XIIIe siècle.)

Les broderies sur toile des pays slaves, suédois et hongrois, se distinguaient par la richesse et la variété des coloris ; les rouges, les bleus, les jaunes y sont les tons dominants tels que nous les voyons dans les productions actuelles.

Les broderies persanes étaient exécutées sur toile très fine quelquefois, les contours étaient tirés au point de trait, tandis que l'intérieur des motifs y était recouvert de points de remplissage spéciaux qui donnent à ces broderies l'aspect d'un tissage. Ces sortes de points se faisaient en allant et venant comme dans la figure 11. De nos jours, on les exécute encore de la même façon.

Au Maroc on faisait et on fait toujours des broderies sur toile qui par le genre de leurs points doivent être rangées dans la catégorie des broderies au point damassé (genre de points principalement employés dans les broderies blanches sur mousseline de Saxe au xviiie siècle.)

Les habitants de l'île de Malte brodent sur toile des dessins réguliers faits de houppes de laine disposées les unes à côté des autres, qui donnent l'effet velouté des tapis.

Actuellement, les broderies sur toile sont de genres extrêmement variés et elles sont très à la mode. En dehors des broderies blanches qui ont fait l'objet de leçons particulières, on a réédité tous les types anciens de broderie en couleur sur toile en les adaptant aux usages modernes.

On fait des broderies sur toile, en coton, en coton mercerisé, en laine et en soie, exécutées au point de croix, au point de trait, au plumetis, au point

Fig. 11. — Fleur agrandie d'une broderie persane.

lancé, au point de tige, au point plat, au point de feston, au point de chaînette et au point piqué, etc., etc. Elles s'emploient pour orner le linge de table, la toilette féminine et l'ameublement.

Les points lancés ou points plats, points de croix et points de figures n'ont pas été employés seulement sur la toile, mais aussi sur beaucoup d'autres étoffes, ils se retrouvent dans toutes les broderies du moyen âge, le plus souvent mêlés aux broderies d'or et d'argent. Ces dernières feront l'objet d'une leçon au cours de laquelle nous reparlerons de ces points ; mais il en est un surtout qui a joué un rôle très important dans les riches broderies du moyen âge, c'est le point de chaînette.

Fig. 12. — Détail agrandi du point en épi terminant la fleur de la broderie paysanne.

Maintenant le point lancé est employé dans un grand nombre de broderies et sur beaucoup d'étoffes, exécuté en coton, en soie ou en laine.

Les points de croix servent encore d'ornementation au drap, au velours, etc. Dans ce cas, on pose un canevas sur l'étoffe, on brode en prenant le tissu ce qui se trouve dessous; lorsque la broderie est terminée, on retire les fils du canevas et le point reste seul sur le fond.

Le point de chaînette se fait peu à la main. Étant très employé, il est fait à la machine ou au crochet, ces deux procédés donnant des résultats plus rapides. Le point de figure est peu usité, les broderies au passé ayant la préférence dans les travaux modernes.

Dessin spécial au point lancé, point de croix, point de chaînette. — Pour faire des dessins spéciaux à chacun de ces points, il n'y a pas de règles fixes à observer, car en broderie à la main tout est exécutable et on peut arriver à faire tout ce que l'on veut. Par conséquent, le dessinateur n'est enfermé dans aucune autre obligation que l'exactitude dans la reproduction des genres et des styles qu'il désire reconstituer.

Pour les dessins destinés au point lancé, s'il y a des pleins, observer d'en disperser les masses et les équilibrer pour que certaines parties de la broderie ne se trouvent pas trop couvertes, tandis que d'autres seraient maigres et peu garnies.

Pour les dessins au point de croix, on suit les mêmes règles que celles déjà indiquées pour ceux du filet brodé : à savoir que les contours étant déformés géométriquement et en escalier par la forme du point, il faut savoir en tenir compte pour éviter les effets ridicules. Il y a moins de difficultés à faire un dessin

Fig. 13. — Broderie au point de Bouppe de l'Ile de Malte.

Fig. 14.

Fig. 15.

Fig. 16.

Fig. 17.

Fig. 18. — Bandes diverses de broderies au point de croix.

LA BRODERIE SUR TOILE

pour le point de croix que pour le filet brodé, le premier étant plus fin, la déformation des contours est moins brusque ; ces deux genres reposent sur le même principe : les fils comptés.

Les dessins destinés au point de chaînette à la main peuvent être absolument ce que l'on veut. Il n'en est pas de même pour le point de chaînette au crochet et à la machine dont nous parlerons plus loin dans les leçons suivantes.

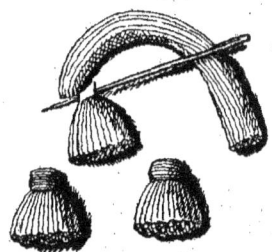

Fig. 19. — Détail agrandi de l'exécution du point de houppe.

Les dessins de point de figure doivent représenter des animaux ou des personnages en larges parties pleines, de préférence à toute autre composition.

Matériaux employés pour les broderies au point lancé, au point plat, au point de croix, au point de chaînette, au point de figure, etc. — Ce sont généralement le coton, la laine, la soie et l'or.

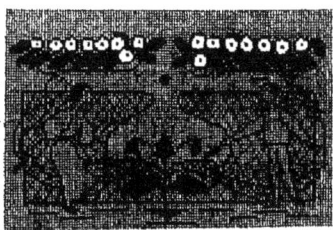

Fig. 20. — Dessin de broderie moderne au point de croix exécuté en soie de couleur sur fond de drap.

Nous avons donné l'explication du point lancé ou point plat, du point de croix, du point de chaînette, du feston et du plumetis, ainsi que du point de figure, à la troisième leçon, page 28, 1er volume, traitant des principaux points de broderie. Nous n'y reviendrons donc pas.

Nous donnons les figures très agrandies des points de broderie persane et du point de houppe de la broderie de Malte dont le simple examen suffira à en faire comprendre la marche.

DEVOIR DU DESSINATEUR

S'exercer à dessiner un dessous de plat au point lancé en laine sur toile. — Un dessus de buffet au point de croix en soie rouge sur toile. — Un coussin au point de chaînette. — Une bande pour tapis de table sur drap au point de figure.

DEVOIR DE LA BRODEUSE

La brodeuse s'exercera à faire des échantillons des divers points décrits dans cette leçon.

TAPISSERIE

DEUXIÈME LEÇON

La tapisserie à l'aiguille.

Le mot tapisserie désigne également un ouvrage à la main fait à l'aiguille ou de grandes pièces fabriquées au métier. Notre langue est très pauvre sur cette matière et il est infiniment regrettable que les professionnels qui se sont succédé au cours des siècles n'aient pas eu la bonne inspiration d'inventer des termes particuliers pour désigner leurs diverses créations. Nous nous appliquerons à expliquer le plus clairement possible les différences existant entre les tapisseries à la main et les tapisseries au métier. Ces différences sont difficiles à établir, car on a fabriqué au métier des sortes de tapisseries mixtes, dont certaines parties sont tissées et d'autres brodées à la main. C'étaient des bandes étroites faites sur de petits métiers de basse lisse, sur lesquels l'ouvrière tissait à la main. Entre les fils de chaîne, elle faisait courir les navettes; changeant les couleurs aussi souvent que le dessin le nécessitait et brodant à l'aiguille quelques points de-ci et de-là, lorsqu'elle le jugeait plus décoratif pour le rendu de la composition. Ce travail était particulièrement fait en Allemagne au xive et au xve siècle, et connu sous le nom d'*opus colonicum*, c'est-à-dire, ouvrage de Cologne.

On nomme donc tapisseries, les travaux de tissage entièrement tissés à la main sur les métiers de haute et de basse lisse (1) et un certain nombre d'ouvrages faits à l'aiguille.

Des maîtres ont écrit tout ce qu'il y avait à dire sur l'art superbe

---

(1) Les métiers à tapisserie de haute lisse sont ceux où le fil de chaîne est tendu verticalement; ceux de basse lisse ont le fil de chaîne tendu horizontalement.

de la fabrication des tapisseries au métier, de haute et basse lisse, et comme il n'entre pas dans le cadre de nos leçons de décrire le tissage, nous nous occuperons seulement des tapisseries faites à l'aiguille sur canevas ou étamine avec de la laine, de la soie et de l'or.

Les auteurs qui ont traité cette question avant nous ne sont pas d'accord sur la question des origines. Beaucoup d'entre eux font remonter la tapisserie à l'aiguille à la plus haute antiquité et d'autres prétendent, au contraire, qu'on n'en trouve pas de traces sérieuses avant la moitié du xve siècle.

Notre avis est que la tapisserie brodée à l'aiguille, est un travail très anciennement pratiqué ; nous en trouvons des preuves dans l'an-

Fig. 21. — Dessin d'une tapisserie allemande datant probablement du xiiie siècle.

tiquité où le point de croix ou point de marque usité pour la tapisserie sur canevas, était désigné par le nom : *opus pulvinarium* (ouvrage de coussin). Cette définition indiquait, évidemment, l'usage du genre de tapisserie qui nous occupe. Du reste, les Égyptiens, les Assyriens, les Perses et ensuite les Grecs et les Romains étaient si avancés en l'art des broderies, qu'il est certain que la tapisserie à l'aiguille leur était familière, étant données surtout les immenses tentures dont ils ornaient les temples, les palais et les églises et qui à cause de leurs dimensions énormes, n'auraient pu être fabriquées par des métiers.

Nous avons beaucoup d'échantillons des tapisseries coptes faites au métier et retrouvées dans les tombes découvertes dans des fouilles récentes. Elles étaient exécutées comme nous l'avons dit déjà, à l'aide d'un métier identique au métier actuel des Gobelins ; on a retrouvé

Fig. 21. — Rose exécutée en laine au point de croix en nuances naturelles.

jusqu'ici peu de broderies à la main datant de cette époque.

C'est seulement au ix° siècle que l'on commença à fabriquer des tentures en France; ce fut primitivement dans les monastères que cet art se développa, c'est l'influence des idées rapportées des croisades qui augmenta le goût de cette luxueuse ornementation, mais il faut attendre le xvi° et le xvii° siècle pour voir foisonner les ouvrages de tapisseries sur canevas. Rien alors n'arrêta l'ardeur des nobles dames et demoiselles, elles abordaient la représentation des person-

Fig. 23. — Bandeau de lit exécuté au point de croix polychrome sur fond noir avec personnages et animaux au petit point.

nages, des chasses, des verdures au petit point sur canevas. Certains panneaux brodés de la sorte mesuraient jusqu'à neuf mètres carrés. Parmi les plus intéressants connus, il faut citer les tapisseries au petit point du musée de Rouen et celles de la cathédrale d'Orléans.

En 1603, il est mentionné à l'inventaire du château de Chenonceau douze pièces de broderies au gros point sur canevas pour servir à border de petits tapis; et dans celui du château de Nancy en 1608, « un carreau de satin cramoisi sur lequel étaient brodés, au point croisé sur canevas, une poule et ses *poullets*, faits de soie nuancée d'or et d'argent ».

Fig. 24. — Dessin de fauteuil en tapisserie.
(Époque Louis XIII.)

On faisait également alors, au petit point, des tentures de lit et des garnitures de fauteuils et de chaises. Les sièges qui avant le règne de Louis XIII étaient peu garnis, devinrent beaucoup plus confortables et plus riches. C'est de cette époque qu'il nous reste des tapisseries à l'aiguille au point de croix d'un style très pur qui ont fait école : chaises à large siège, grands fauteuils droits à vastes dossiers qui ont précédé ceux de l'époque Louis XIV, plus riches encore, autant par leurs bois dorés que par les superbes tapisseries qui les garnissent.

Le gros et le petit point furent surtout employés pour les tentures et les meubles somptueux, tel le lit de Louis XIV à Versailles.

On a imité les tapis hispano-mauresques au gros point de tapisserie et au point noué. La tapisserie se faisait aussi à fils tirés sur étoffe.

Les tapisseries à l'aiguille faites sous Louis XIV étaient pleines d'opulence, elles représentaient des dessins fleuris. Sous Louis XV, on fit beaucoup de grotesques, des singes, des magots, des écureuils et des sujets maniérés de pastorales de convention. Le règne de Louis XV a donné naissance à une variété infinie de formes nouvelles et différentes de canapés, de causeuses, de tête-à-tête, de sièges divers d'une élégance recherchée, recouverts en tapisseries faites à l'aiguille.

L'École de Saint-Cyr travaillait pour la Cour, Mme de Maintenon, lorsqu'elle en fut directrice, s'occupa très spécialement d'y faire étudier la broderie; on y inventa un point spécial qui formait un dessin quadrillé, régulier, particulier, qui prit le nom de point de Saint-Cyr, on peut en voir des échantillons au musée de Versailles et au Garde-Meuble à Paris.

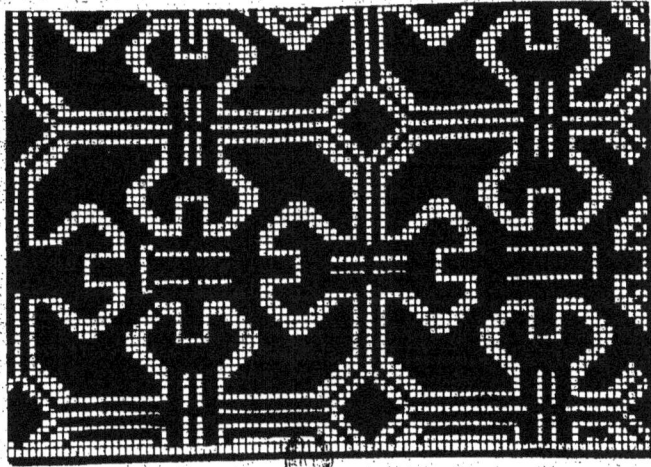

Fig. 25 et 26. — Tapisseries au point de croix à dessins réguliers.

Marie-Antoinette et Mme Elisabeth faisaient des tapisseries pour charmer leurs loisirs.

Le travail à points comptés sur canevas est certainement le plus facile de tous les ouvrages de broderie; cela explique que les dames du grand monde s'y soient adonnées dans tous les temps.

Aux siècles derniers, l'usage des tapisseries était général. Tout le monde en faisait plus ou moins ; on mélangeait le gros et le petit point; parfois on découpait ces broderies pour les appliquer sur la soie, le velours ou le drap. Le nombre des points devenait de plus en plus varié ; les points damassés, pour les fonds, et les points de Hongrie donnaient des effets d'une richesse incroyable lorsqu'ils étaient bien combinés. On copia avec frénésie les tapisseries de l'époque de Louis XIII, on brodait comme cela des salons entiers, des chambres à coucher, des bandes pour des rideaux, des tentures, des ornements d'église. Peu à peu, ce genre d'ouvrages, en s'appliquant à des objets de moindre importance, est tombé dans une vulgarité déplorable dont les pantoufles, les tabourets de pieds, les coussins brodés communément il y a vingt-cinq ou trente ans, sont les tristes souvenirs. C'est du reste la laideur des dessins de ces derniers travaux qui les a fait tomber si bas qu'ils semblaient ne plus devoir jamais se relever pour reprendre le rang qu'ils ont occupé jadis, avec des œuvres magistrales qui font encore maintenant la gloire des musées et des collections qui les possèdent.

La tapisserie sur canevas paraît cependant avoir une tendance à renaître dans son primitif éclat. Cette résurrection serait à désirer à cause du si beau parti qu'on pourrait tirer des points nombreux et riches qui

Fig. 27. — Pouf en tapisserie. (Époque Louis XV.)

Fig. 28. — Point de croix et demi-point agrandi.

y ont été découverts successivement; aussi nous jugeons utile de renseigner minutieusement les travailleurs sur cette question, quelque délaissée qu'elle paraisse en ce moment, pour le cas, très probable, où la tapisserie reviendrait fort à la mode.

La broderie sur canevas ou tapisserie à l'aiguille se divise principalement, selon que nous l'avons dit à la 1re leçon du 1er volume, en broderie au point de croix, au point des Gobelins, au petit point et au point de Hongrie. Ce dernier a été inventé par Giselle (femme de Saint-Étienne, roi de Hongrie). D'autres points nombreux sont les dérivés de ces points fondamentaux. Selon les points employés et selon la nature du canevas, le dessin spécial varie.

Dessin spécial de la tapisserie. — Lorsque le dessinateur fait un dessin destiné à être régulier et *exécuté à fils comptés*, il doit procéder pour la composition de la même manière que nous l'avons expliqué pour les dessins de fils tirés, pour ceux du filet ancien et ceux du point de croix. C'est-à-dire que quel que soit le point employé, le

Fig. 29. — Canevas à fils carrés pour petit point.

Fig. 30. — Canevas Pénélope.

dessinateur doit toujours se baser sur cette donnée, que le dessin aura des contours *en escalier*. Il est impossible qu'il en soit autrement si on ne fait pas usage du petit point ou des points lancés. Le petit point est si fin qu'il peut suivre à peu près tous les contours sans les déformer comme le point lancé.

Pour les travaux à fils comptés, le dessinateur fait généralement usage du papier carrelé que l'on vend exprès et dont la dimension des carreaux répond à la grosseur du point de l'ouvrage. Il convient de faire d'abord un croquis au fusain

Fig. 31. — Petit point agrandi (I, grosseur ordinaire) et point des Gobelins agrandis (II, grosseur ordinaire).

sur papier à brodeur; de reprendre ce croquis légèrement sur un papier propre transparent; le papier à calquer est le préférable. On pose ensuite ce léger croquis sur le papier à carreaux, et on ramène son dessin, en comptant les points pour établir la régularité, à suivre toutes les sinuosités des carreaux du papier qui dénatureront le moins la forme de la composition. Cela fait, on décalque le dessin sur le papier à carreaux. Les nuances des laines à employer pour broder doivent être indiquées par le dessinateur; il a deux moyens pour se faire comprendre des brodeuses : colorier directement à l'aquarelle chacune des nuances ou bien faire usage de signes conventionnels pour désigner les couleurs. Exemple : le dessinateur remplira de noir tous les carreaux correspondant au rouge foncé; il mettra une croix dans les carreaux correspondant aux parties qui doivent être vertes; et ainsi de suite. Sur le côté du dessin une légende explicative indique les signes avec les couleurs correspondantes (fig. 36).

Un moyen pratique à employer pour les grandes pièces, c'est de les peindre directement sur le canevas dans les tons voulus pour que l'ouvrière n'ait qu'à suivre le dessin colorié. Pour ce genre de dessin, il faut faire la composition au fusain sur un papier très blanc, arrêter le trait à l'aide d'un pinceau chargé d'encre de Chine très noire. Lorsque

Fig. 33. — Point de Hongrie.

LES BRODERIES ET LES DENTELLES

le trait est sec, on pose le canevas sur le dessin, on l'immobilise avec des poids et on repasse à l'aide d'un pinceau fin chargé d'encre de Chine, le trait qui transpare à travers le canevas. On laisse sécher cette première opération, puis on pose largement les teintes à l'aquarelle, en se servant de brosses à peindre à l'huile.

On ponce sur canevas, mais ce système donne un tracé moins net que celui fait au pinceau.

Fig. 34. — Point du diable agrandi.

Quand il s'agit d'une grande quantité de canevas comportant le même dessin, on les imprime, mais alors c'est qu'il s'agit de travail tout à fait commercial.

Les maîtres anciens n'ont pas dédaigné de dessiner les cartons des tapisseries destinées à être faites à l'aiguille et, également dans le temps où la tapisserie était en si grand honneur, il était de bon ton d'avoir un brodeur attaché spécialement à sa maison. Vers 1576, chez les grands seigneurs, on avait un brodeur comme on avait un scribe et un majordome.

Matériaux employés pour la tapisserie. — La tapisserie a d'abord été faite sur de la grosse toile claire, sorte d'étamine, puis est venue l'invention des tissus nommés *canevas* et spécialement fabriqués pour être brodés en tapisserie. Il en existe deux genres absolument différents : le canevas à fils carrés et le canevas Pénélope, tissé avec des fils rapprochés deux à deux. Selon les points que l'on désire broder, on donne la préférence à l'un ou à l'autre. Ces canevas servent pour une quantité d'ouvrages, cependant, à l'heure actuelle, on brode encore sur de la toile à laquelle, dans certains cas, on donne la préférence sur le canevas, à cause de sa

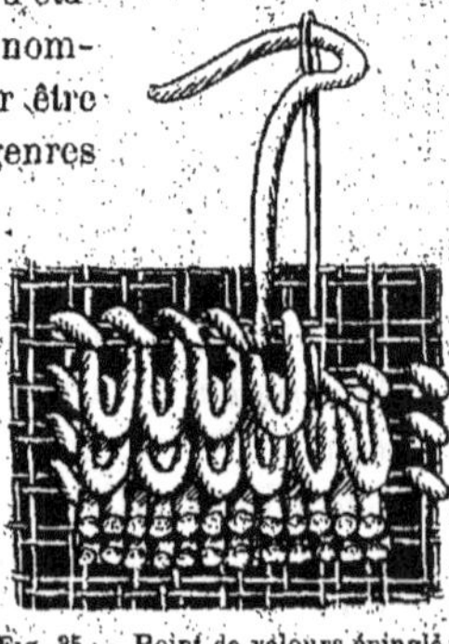

Fig. 35. — Point de velours épinglé et point de velours. (Boucle coupée.)

Fig. 36. — Dessin de tapisserie avec signes conventionnels. (Les carreaux noirs indiquent un rouge foncé, les croix un rouge clair moyen, les losanges un rouge rosé très clair, les carreaux blancs un fond crème).

souplesse qui permet de mieux serrer les points près les uns des autres sans laisser de vides entre eux.

Pendant longtemps, la laine, la soie et l'or ont seuls été employés, mais depuis quelques années on fait aussi des tapisseries plus économiques et moins solides en jute, en ramie et en coton mercerisé. Les plus belles tapisseries se font en laine de Saxe, de Hambourg, d'Aubusson, de Beauvais, des Gobelins (Voir 3e leçon, page 26, 1er volume).

Exécution de la tapisserie. — Le point de croix ordinaire ou point de marque est le plus simple des points de tapisserie. Il se fait en allant et revenant. C'est-à-dire en couchant des demi-points de gauche à droite sur deux fils du canevas et en revenant de même de droite à gauche, en croisant les demi-points les uns sur les autres. C'est le point de croix tel que nous l'avons décrit à la troisième leçon du 1er volume.

Un point très usité pour la tapisserie commerciale, c'est le demi-point (fig. 28) qu'on exécute par-dessus un brin de laine tendu horizontalement, pour l'échantillonnage des tapisseries destinées à être vendues, commencées, avec les fournitures pour les terminer, comme cela se pratique dans les maisons spéciales et dans les grands magasins de nouveauté.

Fig. 37, 38 et 39. — Points damassés pour fond.

Le point des Gobelins s'exécute sur le canevas à fils carrés; il est oblique ou droit. Le premier s'exécute en rangs horizontaux avec un brin de laine lancé obliquement par-dessus deux fils du canevas; on laisse un fil vertical entre chaque point. Le petit point ne peut se faire que sur le canevas à fils carrés; il n'est autre que la première moitié du point de croix fait en ne prenant qu'un fil du canevas en sens horizontal et vertical (fig. 31).

Le point de Hongrie se fait en sens horizontal, en empiétant un point sur l'autre (fig. 33).

On fait un point vertical sur deux fils, puis un point vertical sur quatre fils, un point sur deux fils; on continue en reprenant le rang en dessus, de la même manière, de façon à couvrir complètement le canevas.

Le point *du diable*, employé souvent pour des fonds, est d'un fort bel effet. Il consiste en un point de croix simple fait sur quatre fils du canevas et traversé ensuite par un point vertical et un point horizontal (fig. 34).

Le point de velours épinglé et le point de velours ordinaire se font de la même façon. Le point de velours épinglé sert à copier les tapis d'Orient; il est composé de boucles faites sur un moule et arrêtées par un point de croix (fig. 35). On peut modifier ce point en ouvrant la boucle à l'aide de ciseaux, ce qui lui donne un aspect velouté.

Il existe une grande variété de fonds faits par des combinaisons de petits points et de points lancés mélangés, ou des combinaisons de points lancés seuls qui permettent d'obtenir de très beaux effets. Nous en donnons quelques exemples (fig. 37, 38 et 39).

On emploie aussi le point noué pour la copie des tapis d'Orient; c'est une série de petites houppes. Chacun des points est fait de deux mèches de laine retenues dans le canevas par un point de piqûre. (Voir figure 19, 1° leçon broderie sur toile.)

Le mélange des différents points, opéré avec goût dans la tapisserie, est très beau; mais celle exécutée entièrement au petit point seulement, est incontestablement la plus belle et celle qui a le plus de valeur.

Quand les circonstances imposent un résultat rapide qu'il est impossible d'obtenir avec le petit point, on peut, par exemple, dans un siège de fauteuil, faire des feuillages et des ornements au point de croix ordinaire, tandis que des animaux, des médaillons et certaines fleurs seront exécutés au petit point. On gagne, de cette manière, beaucoup de temps.

On fait aussi des tapisseries à fils tirés sur drap, soie ou velours; pour ce genre, on applique le canevas sur le tissu dont on désire se servir, et on brode en prenant l'étoffe avec le canevas. La broderie finie, on retire un à un les fils du canevas dans un sens et dans l'autre; c'est un travail minutieux pour lequel il faut s'appliquer à ne pas érailler l'étoffe destinée à servir de fond. Nous en avons parlé déjà au sujet du point de croix (Voir la figure 20).

Les tapisseries à l'aiguille se travaillent au *métier à tapisserie* décrit figure 6, page 20 du 1ᵉʳ volume, ou sur les doigts. Le travail fait au métier a la supériorité d'être plus régulier et de ne pas tirailler de travers.

DEVOIR DU DESSINATEUR

Composer le dessin d'un fauteuil de style Louis XIV permettant l'emploi de points divers.

DEVOIR DE LA BRODEUSE

S'exercer à faire tous les points décrits dans la leçon et exécuter ensuite un morceau d'une bande destinée à une portière, au point de croix et au petit point.

Les Broderies

TROISIÈME LEÇON

La broderie au crochet au tambour

(Voir la planche hors texte page 13.)

Historique. — La broderie au crochet au tambour produit le point de chaînette; c'est une manière fort ancienne de broder qui a été de tout temps très usitée en Orient, tandis qu'il ne semble pas qu'en Europe les travaux faits au crochet au tambour remontent à des temps très éloignés de notre époque. On suppose cependant que les travaux faits en points de chaînette en Angleterre dès le XII° siècle ont pu être faits au crochet et non à l'aiguille, et on peut admettre que le crochet ait été découvert en Angleterre par des brodeuses qui auraient eu l'idée de recourber une aiguille; mais ce qui demeure certain, c'est que le travail de la broderie au point de chaînette au crochet fut apporté de la Chine en France vers 1760. Ce procédé du travail au tambour au crochet étant bien plus expéditif que le point de chaînette à l'aiguille fut adopté très rapidement dans notre pays.

La ville de Vendôme était très renommée jadis pour ses travaux au point de chaînette à l'aiguille. Les ouvrières de cette cité s'empressèrent d'abandonner leur façon primitive de broder pour adopter le métier au tambour.

On cite comme spécimen de belle broderie ancienne au point de chaînette l'étole orientale de l'église de la Couture du Mans; elle est entièrement brodée en soie et argent. Le visage et les mains du Christ et des apôtres qui y sont représentés sont aussi au point de chaînette, fait remarquable, car généralement les chairs étaient brodées au point de figure dans les travaux anciens.

C'est surtout au XVIII° siècle que le point de chaînette au crochet au tambour fut en vogue en France. A cette époque on broda de cette manière des quantités d'habits, de gilets, sur satin blanc ou de couleur. On fit alors des merveilles de finesse et d'élégance qui restent encore nos modèles à l'heure actuelle.

L'époque Louis XVI a été fertile en trouvailles ravissantes pour la broderie qui nous occupe. On a liseré au crochet au tambour des damas de soie, des toiles peintes ou des linons brochés, et ce genre, exécuté avec la plus rare perfection, fut employé indifféremment à une infinité d'ornements de la toilette féminine et masculine.

Fig. 41. — Broderie au crochet sur satin jaune paille (xviii° siècle).

La broderie au crochet au tambour était le plus souvent mélangée à d'autres broderies et formait des effets ravissants. On continue à la voir employée après le règne de Louis XVI où elle fut si florissante; et, sous le premier Empire, on la retrouve ornant les mousselines et les linons soit en blanc, soit en couleur, et souvent en fils de métal, pour les toilettes féminines et surtout pour les habits masculins chamarrés d'ors et de clinquant.

Plus près de notre époque, les rideaux de mousseline brodés au crochet ont joui d'une vogue énorme.

Actuellement, la broderie au crochet sert à faire pour la toilette féminine des galons, des gilets, des cols, des revers, des motifs pour robes, blouses ou corsages. Elle trouve aussi son emploi dans l'ameublement riche pour des coussins, des tapis, des bandes de rideaux, des tentures, des sièges, des dessus de lit, et pour les ornements d'église; elle est précieuse pour les mille travaux de fantaisie où, mélangée à d'autres broderies, elle sert à orner des couvertures de livres, des cadres, des boîtes, etc., etc.

Sous le nom de broderie de Lunéville, la broderie au crochet sert à cerner les applications d'un tissu sur un autre, à fixer les perles et les paillettes, à broder les tulles, les mousselines de soie et toutes les étoffes légères. Le simple point de chaînette sur tulle entre dans le domaine des dentelles brodées (nous en parlerons longuement dans une leçon spéciale); quand il sert à fixer les paillettes et les perles, il se place à la leçon traitant de cette ornementation.

On fait en Turquie et en Algérie, en broderie au crochet, des tentures, des tapis, des paravents très beaux et un grand nombre de menus ouvrages destinés à être montés en costumes nationaux ou en divers objets : bourses, gaines, harnachements, etc.

Dessin spécial à la broderie au crochet. — Tous les dessins sont à peu près exécutables au crochet; cependant, il est à considérer que si la broderie au crochet doit servir à fixer une application, il est de toute nécessité que le contour suive sans interruption; les dessins de broderie au crochet doivent autant que possible posséder cette qualité, parce que les trop nombreuses coupures du fil enlèveraient forcément de la solidité au travail.

Il est nécessaire aussi d'observer que les dessins de broderies au crochet sont destinés à être remplis à l'aide de points tournants qui constituent les pleins et que par conséquent les dessins légers sont de beaucoup préférables aux dessins lourds. Les ornements et les fleurettes de l'époque Louis XVI sont vraiment le triomphe des ouvrages en broderie au crochet; on peut s'en rendre compte par la planche que nous donnons page 13 et qui représente la poche d'un gilet en satin blanc, conservée au musée de Cluny : de délicieuses et légères guirlandes d'œillets délicats sont reliées par des nœuds à de plus fines girandoles de roses minuscules qui retombent en entrelacs gracieux formant les pans des nœuds. Ce sont là de ravissants modèles, merveilles de goût dont il convient de s'inspirer pour les objets de la toilette féminine et pour tous les petits articles de Paris qui sont décorés de broderies au crochet.

Appelé à faire du dessin destiné à l'ameublement, le compositeur qui ne serait pas tenu à se conformer tout particulièrement à un style désigné, pourrait s'inspirer aussi des broderies au point de chaînette,

Fig. 42. — Coussin en broderie au crochet moderne.

dont le moyen âge a été fertile et y retrouver bien facilement des possibilités d'adaptation au style moderne. Les travaux qui ont été faits à partir du xi° et du xii° siècle et jusqu'au xvi° siècle, renferment des documents précieux de broderies au point de chaînette, qui pourraient être recopiées ou adaptées à des ouvrages nouveaux.

Matériaux employés pour la broderie au crochet. — La broderie au crochet ne peut se faire que sur un métier qui doit être choisi d'une grandeur en rapport avec l'objet que l'on veut broder. Nous avons donné les dessins des divers métiers à broder au crochet, dits *métiers au tambour* et la façon de s'en servir, à la deuxième leçon, pages 20 et 21 du 1er volume.

Fig. 43. — Dé spécial pour la broderie au crochet.

Pour les grandes pièces, *les barres* posées sur deux tréteaux ou sur deux tables sont les seules pratiques; et la broderie au crochet, à cause de la rapidité de son exécution, est très employée pour les grandes pièces.

Pour broder au crochet, on se sert, comme nous l'avons déjà expliqué, d'un crochet spécial vissé sur un manche comme le montre la figure 44. Une feuille de laiton enroulée forme une sorte de dé pour préserver le doigt des écorchures du crochet; nous en donnons le dessin figure 43. Cette espèce de dé n'est pas fermé; il présente dans sa longueur une solution de continuité qui permet de l'adapter à tous les doigts, il n'est pas fermé non plus au bout et il est muni d'une petite encoche, qui doit quand on travaille être placée au-dessus de l'ongle; il est coupé légèrement en biais vers le haut de manière à ce que la partie qui recouvre le côté extérieur du doigt est un peu plus grande que celle qui recouvre la partie extérieure du même doigt. Ce dé particulier accélère beaucoup les mouvements ascendants et descendants que l'on opère en travaillant sur étoffe.

On emploie pour la broderie au crochet un fil fortement tordu, que le crochet ne puisse pas diviser en travaillant, tel que le cordonnet de soie, de fil, de coton, d'or ou autres métaux.

Exécution de la broderie au crochet. — Devant le métier sur lequel est tendue l'étoffe à broder, on s'assied, on tient le crochet (fig. 45) de la main droite sur le métier, tandis que, de la main gauche, on maintient le fil en dessous de l'étoffe. Après avoir préalablement fixé le fil, on passe le crochet à travers l'étoffe tendue en le

Fig. 44. — Crochet à broder.

faisant se mouvoir dans l'encoche du dé; la vis fixant le crochet au manche, doit être tenue du côté extérieur du pouce. On jette le fil sur le crochet et on le ramène sur le dessus de l'ouvrage en pressant l'étoffe avec le dé, afin de l'empêcher de se soulever quand on remonte le crochet en opérant le mouvement de va-et-vient qui forme le point de chainette.

Dans les grands travaux où plusieurs ouvrières sont employées à la même pièce de broderie, les brodeuses travaillent vis-à-vis les unes des autres et sont forcées pour ne pas porter ombre avec leur main sur l'étoffe et pouvoir suivre le dessin, de travailler à droite et à gauche comme on le fait pour les broderies au passé, d'où le même nom qui leur est donné d'ouvrières droitières ou gauchères, selon qu'elles travaillent la main droite ou la main gauche sur le métier. Ce travail peut s'apprendre assez facilement pour qu'on arrive promptement à une habileté qui permet d'acquérir une rapidité relativement très grande dans ce genre de broderie. La seule réelle difficulté que présente l'apprentissage, est d'arriver à bien régler les mouvements des deux mains. Au début, toutes les apprenties ont une tendance à confondre les deux actions qui doivent se faire simultanément, c'est-à-dire : 1° retirer le crochet ; 2° presser l'étoffe vers le bas.

Fig. 54.— Position des mains pour broder au crochet.

Quand on brode au crochet, on suit d'abord le dessin extérieur ; on fait les nervures ; le remplissage se fait en dernier en suivant la forme des contours pour arriver à rétrécir peu à peu jusqu'à couvrir le dernier vide par une ligne de points.

Fig. 46. — Fleur brodée au crochet en cours d'exécution.

DEVOIR DU DESSINATEUR

Faire le dessin d'un gilet de dame

genre Louis XVI sur satin blanc et le dessin d'un coussin, style moderne, le tout pour être brodé au crochet.

DEVOIR DE LA BRODEUSE

Un galon pour garniture de corsage et une couverture de livre brodés au crochet.

QUATRIÈME LEÇON

La broderie en perles, en jais, en paillettes et en chenille.

Historique. — Les anciens attribuaient la découverte du verre aux Phéniciens, qui l'auraient transmise aux Grecs et aux Romains. Il semble qu'on ait fabriqué des perles avec le verre dès qu'il a été connu, car on a retrouvé dans le tombeau d'une jeune Phénicienne, sépulture datant du XIII° siècle avant J.-C., un oreiller ou coussin recouvert d'une broderie de perles de verre sur lequel reposait la tête de la morte.

Le musée du Louvre possède une pièce curieuse de filet brodé en perles de verre et un morceau d'une étoffe de lin ayant un peu l'aspect d'un tissu éponge orné d'un semé de perles de verre opaque, bleu turquoise provenant d'Egypte aux premiers siècles de notre ère.

Les fouilles des tumulus de l'âge de pierre et de l'âge de bronze nous ont révélé l'existence des perles de *jais* (corruption du mot *jayet*). Cette pierre est une variété de lignite, c'est-à-dire de charbon, fossile dont la formation est postérieure à celle de la houille. Le jais est compact, dur, d'un noir brillant, très léger et susceptible du plus beau poli ; il a été employé de bonne heure pour faire des parures. A l'époque de la pierre polie, on le taillait déjà pour le transformer en perles. Datant de l'âge de bronze, on a retrouvé des perles de jais incrustées d'or. L'or y était posé avec une habileté étonnante. Provenant de cette même époque, on a du reste retrouvé des perles d'os, d'ivoire, d'ambre, d'agathe polie, cylindriques ou carrées, avec des sortes de perles préparées par la nature, telles les coquilles de dentalines et les jointures d'encrinites, et aussi des perles de bronze tubu-

Fig. 47. — Étoffe de lin tissée à bouclettes et brodée de perles de verre bleu turquoise, trouvée dans un tombeau de l'Égypte. (*Musée du Louvre.*)

laires, des perles d'étain, des petits tubes de verre opaque bleu clair ou vert, dont la surface extérieure est divisée en segments arrondis de manière à figurer plusieurs perles accolées. Certaines perles, plus grosses, portent des ornements serpentins en spirale blancs sur fond bleu ou jaune. De petites perles d'or en forme de tambour, ont été également retrouvées dans les tumulus.

Les fouilles faites dans plusieurs comtés de l'Angleterre ont donné lieu à des trouvailles de perles diverses d'un haut intérêt historique.

Au moyen âge, l'industrie du verre passa aux mains des artisans vénitiens; leurs célèbres verreries eurent pendant longtemps le monopole de cette fabrication qui fournissait de superbes matériaux à d'autres industries; c'est ainsi que Venise et Murano ont excellé dans la broderie en perles de verre. Cette broderie a été largement usitée pour les ornements d'église, l'habillement des autels, les voiles de carême, les chasubles, les chapes, les chaperons, etc. Les Vénitiens étaient maîtres en l'art de la broderie en perles de verre coloré; leurs broderies imitaient les mosaïques.

Le musée de Cluny possède des ornements d'église brodés en perles des plus curieux, et le musée de Kensington, à Londres, conserve de merveilleuses mosaïques de perles.

La richesse des broderies de perles de verre est très grande, mais leur poids donne à l'étoffe une rigidité disgracieuse et, d'autre part, elles ont un grave inconvénient : si par

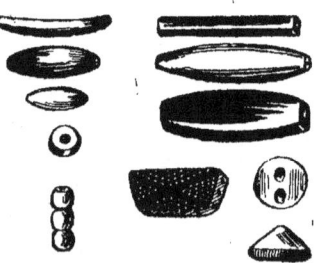

Fig. 48. — Perles de différentes formes en jais, en verre et en jais incrusté d'or, trouvées dans des fouilles de tumulus de l'âge de pierre.

hasard un fil de la broderie se casse ou est arraché, les perles tombent et laissent des vides désastreux.

Le jais a été employé dans tout le moyen âge pour la broderie des vêtements; son beau noir et sa légèreté l'indiquaient pour l'ornementation des habits de luxe. A cette époque, il était nommé *jetz*. On cite, dans un inventaire de garde-robe de Gabrielle d'Estrées : « Cinq bonnets de satin noir, dont deux ornés de broderies de *jetz*, et *une robe en broderie de jetz par tout le corps.* »

Poussé par l'engouement, on employa même le *jetz* aux parements d'autel et aux ornements d'église, ce qui était d'un effet triste et d'un goût douteux, l'uniformité du noir s'appropriant mal au luxe fastueux et brillant auquel les merveilleuses broderies byzantines avaient habitué les yeux pour les ornements du culte où l'or, la soie et les pierreries étaient réunis dans un éblouissement plein de rutilance.

Fig. 49. — Bouquet brodé en fort relief sur une chasuble de satin cramoisi et exécuté en perles et en tubes de verre blanc. (*Musée de Cluny*. — Travail français du xviie siècle.)

Plus tard, on donna par extension, le nom de jais à des tubes de verre de différentes couleurs et à des perles noires unies ou à facettes, dont on fit très grand usage, au xviie et au xviiie siècle, pour la toilette féminine.

C'est Drolinvaux qui dota notre pays de la fabrication du verre.

Il établit une fabrique à Saint-Quirin, qui fut comme la souche de toutes celles qui s'établirent, par la suite, dans le nord de la France, la Belgique et l'Angleterre.

En 1784, la fabrication du cristal fut introduite en France. La première manufacture fut installée à Saint-Cloud et transférée, plus tard, à Mont-Cenis, près d'Autun.

On a brodé en perles de verre de couleur, au siècle dernier, un grand nombre d'objets divers, particulièrement des bourses, des pelotes, des porte-montres, des petits sacs, très recherchés aujourd'hui par les amateurs. On recopie tout cela, maintenant, pour en faire une nouveauté. Presque toutes ces broderies avaient pour fond des perles de verre transparent blanc bleuté, d'un ton opale ; des bouquets de fleurs aux couleurs naturelles très vives se détachaient sur ce délicat fond nacré. Actuellement, on fait beaucoup de broderies de perles de verre de couleur pour garnir les robes du soir et du jour ; on brode même des costumes de toile lavable en perles de verre de couleur.

Les plus anciennes paillettes connues ont été, dit-on, inventées par les Sarrasins ; elles étaient en métal, légèrement bombées et en forme d'anneaux ; on les disposait rangées en cordon ou en forme de grappes sur le velours. C'est vers 1411 qu'on les voit apparaître en France. Plus tard, on les a employées serrées comme des écailles pour recouvrir les vêtements des grands personnages.

A la fin du XVIII° siècle les robes et les habits d'apparat étaient littéralement couverts de paillettes d'or et d'argent. Elles étaient mélangées à profusion aux broderies qui ornaient les habits brillants de leurs reliefs d'or ou d'argent, ou bien elles éclairaient de leurs semis éclatants les robes et une foule d'autres choses. En somme, depuis de longues années les paillettes ont toujours eu un emploi persistant, leur vogue a subi des fluctuations mais n'a jamais décliné tout à fait en aucun temps. Aux premiers habits brodés en clinquant et en paillettes ont succédé d'autres habits brodés, d'autres robes étincelantes.

Sous Louis XVI d'habiles dessinateurs avaient fait fleurir les tulipes, les roses, les œillets en des corbeilles enrubannées, attachées par des nœuds gracieux rehaussés de perles et de paillettes. Par la suite, sous le premier empire, la vogue des perles et des paillettes est restée constante dans le costume féminin. Sous le règne de Napoléon III, les vêtements de velours et de soie brodés de jais ont été une mode de longue durée. Encore depuis quelques années, les broderies de perles et de paillettes ne cessent d'avoir des emplois fort à la mode. Les perles d'or, d'acier, de couleur, irisées, de fantaisie, trouvent leur place dans le costume féminin, les paillettes modernes en gélatine chimique sont d'une légèreté charmante, on en fabrique de toutes couleurs, de toutes formes et de toutes tailles ; celles qui sont nacrées et irisées font resplendir les robes du soir de chatoiements merveilleux; elles rendent les costumes de théâtre étincelants et apportent à la scène l'éclat de tous les ors. Elles sont très employées dans la mode pour chapeaux. Leur fragilité est un grave inconvénient. Quand une dame portant une robe garnie de paillettes irisées s'est assise il n'est pas rare que la place qu'elle a occupée soit jonchée de paillettes brisées qui se sont détachées de l'étoffe.

Fig. 50. — Bourse en perles de verre. Travail français exécuté au tricot (1830).

Lunéville est présentement le centre le plus universellement connu pour la production des broderies en perles et en paillettes. La fabrication y est assouplie à tous les caprices de la mode, c'est par milliers que l'on compte les modèles de robes brodées en perles et en paillettes créées dans cette région dont la supériorité en ce genre est incontestable.

La *chenille* date du XVIIe siècle, au début, elle s'employait dans la broderie au passé ou bien cousue sur l'étoffe avec une soie de même couleur, cirée, pour être plus solide. La broderie en chenille a été très en vogue dans la seconde moitié du xvii° siècle et surtout au xviii°. La chambre du trône à Versailles fut brodée par ordre de Louis XIV en argent et chenille. Sous Louis XV, la chenille se mariait à la canetille et à la soie torse pour orner les costumes. Comme les perles et les paillettes la chenille est toujours demeurée de mode et elle a toujours trouvé un large emploi dans les broderies depuis son invention, tant pour des combinaisons touchant le costume que dans la mode pour chapeaux et les broderies d'ameublement.

Dessin spécial à la broderie en perles, en paillettes et en chenille. — Le dessinateur qui doit faire une composition pour la mode actuelle, destinée à être brodée en perles est tenu à observer certaines règles dont il ne peut s'écarter ; car il ne s'agit plus maintenant des anciennes mosaïques de perles ou des broderies de galons, de bourses où les perles couvraient entièrement l'étoffe et où par conséquent le dessin devait avoir de l'analogie avec les dessins de tapisserie ; les broderies de perles s'exécutant le plus souvent sur canevas. Maintenant les perles sont presque toujours mélangées aux paillettes et aux broderies de chenille et de mousseline de soie.

Pour bien faire les compositions destinées à la perle et à la paillette, il est indispensable que le dessinateur se rende compte de la grosseur et de la forme des matériaux qui seront employés pour exécuter son dessin. Les perles et les paillettes sont de grosseurs et de sortes très diverses et elles forment invariablement une ligne plus ou moins épaisse. Dans ce genre de dessin on doit éviter la maigreur et chercher à produire beaucoup d'effet en employant le moins de marchandise possible. Pour les perles de verre ou de métal qui sont lourdes, l'habileté consiste à calculer ses effets pour ne pas surcharger l'étoffe souvent légère, qui reçoit la broderie, tels que les tulles et les mousselines de soie. Si on emploie les perles de verre soufflé imitant la perle fine, les perles irisées ou les perles noires, le même inconvénient n'existe plus et on peut introduire sans crainte les perles en quantité dans le dessin pour former de gros effets.

Les paillettes de métal sont un peu plus lourdes que celles de gélatine, malgré cela, elles n'atteignent pas un poids qui fasse tirer

Fig. 51. — Broderie en paillette d'or sur velours rouge pour habit (XVII° siècle).

Fig. 52. — Broderie en paillette exécutée sur mousseline de soie pour robe (Travail moderne).

facilement l'étoffe. On dessinera donc de grosses masses qui ne devront pas viser à se rapprocher trop de la nature. Le compositeur cherchera de préférence des motifs dans des ornements ou de grosses fleurs stylisées, des nœuds, des grappes, des lignes serpentines, des combinaisons de spirales. Les laizes pour robes présentent particulièrement des difficultés qu'on surmonte en faisant courir agréablement les effets de paillettes et de perles sur l'étoffe pour y disposer une décoration qui garnisse d'une manière générale sans laisser *de trous* (c'est-à-dire de vides dans le dessin).

Les robes se font à dessins très variés.

Les jupes selon la mode du jour et le goût des grands couturiers sont tour à tour garnies seulement du bas, ou entièrement couvertes de grands ramages ou bien d'ornements disposés en travers, en long, en biais, formant tablier sur le devant de la jupe, formant des quilles, etc., etc. Le genre et la forme Empire si goûté cette

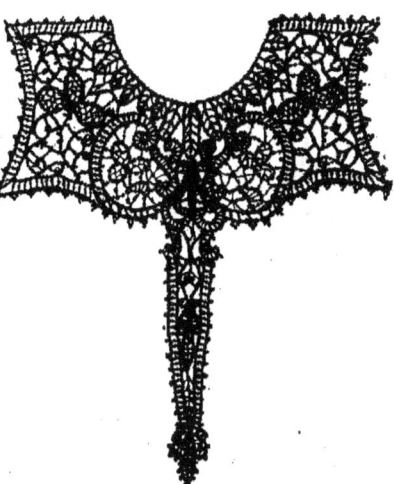

Fig. 53. — Broderie en perles pour empiècement de robe (1890).

dernière saison pour les robes du soir ont fourni un vaste champ aux compositeurs. Les grandes jupes à plis gracieux partant de la taille remontée très haut ont permis les choses les plus osées, tels les semés de grosses abeilles, les couronnes, les branches de chêne, de laurier et voire même, des aigles aux ailes déployées, s'étalant au bas des traines. Lorsque les jupes ont des volants, ces derniers doivent être ornés surtout dans le bas, pour que toute la masse du dessin et tout son poids se trouvent dans la partie inférieure qui est la plus en vue. Le haut du volant doit être garni très légèrement

Fig. 54. — Motif de broderie de perles et cabochons pour robe. (Travail moderne.)

avec des dessins allant en diminuant vers la partie supérieure. Il faut toujours laisser en haut des volants, une portion de l'étoffe tout à fait unie ; les perles ou les paillettes empêcheraient de froncer le tissu si le dessin montait trop haut.

Les corsages comme les jupes varient de garnitures, ils sont longs, courts, ajustés, flottants, en forme de boléro, tout cela suivant la mode ; leur garniture est dictée par leur forme, néanmoins, il est un principe invariable pour la composition des dessins des corsages brodés de perles et de paillettes, c'est que les masses principales du dessin doivent toujours se trouver bien en place sur le milieu de la poitrine et sur le milieu du dos. On évite de placer de gros dessins près des emmanchures car ils gêneraient les couturières pour mouler la forme des corsages suivant la taille des personnes qu'elles doivent habiller. Les dessins des manches sont combinés pour se trouver bien sur le dessus du bras.

Les galons ou entre-deux en paillettes et perles se font très couverts de dessins ; on peut y user largement des effets obtenus en posant les paillettes en écailles, l'une sur l'autre.

Il est indispensable pour les dessinateurs de robes d'avoir d'excellents patrons et de s'assurer, en les posant sur un mannequin, qu'ils sont pratiques et bien coupés. Le plus beau dessin fait sur un patron défectueux ne saurait être utilisable.

Pour le costume, il est nécessaire de choisir des dessins aussi *suivis* que possible pour éviter de couper le fil trop souvent, ce qui fait perdre du temps à l'ouvrière et enlève la solidité de la broderie, surtout lorsqu'elle est faite au crochet. Il n'en est pas de même pour les robes chères qui sont paillettées à la main et où chaque paillette est attachée séparément avec un nœud arrêtant le fil.

En dehors des toilettes du soir et des costumes de théâtre, les paillettes sont encore employées, pour les éventails, lesquels brodés avec ces matériaux sur la soie, le tulle ou les dentelles, ont été l'objet, ces dernières années, d'une très grande vogue. On a refait pour les éventails toutes les variétés de dessins des époques Louis XIV, Louis XV, Louis XVI et de l'Empire. Les dessins de l'*art nouveau* ont été également très à la mode.

On a rebrodé des dentelles en *paillettes* d'or, d'acier, noires ou blanches. Cette mode des éventails pailletés semble baisser; du reste, les éventails en général ne jouissent pas d'une grande faveur pour le moment.

Les paillettes trouvent leur utilisation dans une infinité de travaux de fantaisie et d'ameublement; ce sont des broderies pour écrans, cadres, boîtes, petits paravents, coussins, buvards, etc. Les dessins demandés pour tous ces objets sont du style Louis XV, Louis XVI et Empire. Les paillettes et les perles de différents ors s'y marient avec la broderie en chenille au passé ou au ruban. Les compositions doivent en être légères, pimpantes, de coloris très doux et très frais à la fois, puisqu'elles seront brodées, pour tous les objets auxquels elles sont destinées, sur des satins, des moires ou des taffetas blancs ou de couleurs tendres.

Le dessin des broderies en chenille peut être traité comme celui destiné à une grosse broderie au passé ou bien comme celui d'une broderie en soutache. En somme, il n'y a pas grand'chose de particulier à observer pour le dessin de la broderie en chenille, si ce n'est qu'elle donne de gros effets le plus souvent. Il existe cependant des chenilles très fines avec lesquelles on brode un genre de passé, dit peinture à l'aiguille, au point remordu et nuancé comme le passé ordinaire; elles donnent de très beaux effets

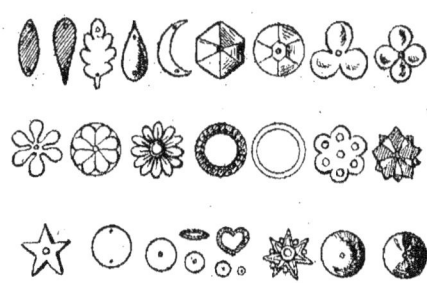

Fig. 56. — Type des formes de paillettes.

veloutés. Ce genre est employé principalement pour l'ameublement.

Matériaux employés pour la broderie en perles, en paillettes et en chenilles. — Ces matériaux varient à l'infini, un certain nombre d'entre eux peuvent se qualifier de classiques; nous en donnons l'énumération, mais la mode et la fantaisie créent chaque jour des nouveautés impossibles à deviner pour les indiquer dans nos leçons.

Les perles se divisent en perles de verre de toutes couleurs, de

Fig. 57. — Galon brodé en paillettes.

grosseurs assorties pour broderies diverses; en perles de jais rondes, taillées ordinaires, taillées a cinq facettes, perles anglaises de toutes grosseurs pour broder les vêtements, demi-perles taillées, trouées en dessous pour passer le fil (genre cabochon). Tous les genres de cabochons, ronds, longs, ovales, carrés, etc., etc. Perles imitation de perles fines, perles cabossées, dites baroques; perles de verre soufflé, noires et de toutes les couleurs. Perles de cristal taillé, rocailles pour fantaisies, abat-jour, etc. Perles cristal taillé en toutes couleurs. Perles d'or, d'argent, d'acier, rondes ou taillées. Perles imitant le corail, les turquoises, l'ivoire, etc., en celluloïd. Perles de bois mat ou verni, etc., etc. Les perles se vendent enfilées sur des mèches de coton et par paquets de mille à onze cents environ ou au poids. Les

grosses perles sont vendues enfilées par rangées longues d'un mètre généralement.

Les paillettes se vendent au mille; elles comprennent encore un plus grand nombre de variétés que les perles; fabriquées en gélatine, elles ont une infinité de formes et de couleurs et imitent les métaux à s'y méprendre. Beaucoup d'autres matières servent à les confectionner : l'or, l'argent, le cuivre, l'acier, la nacre, le celluloïd.

On peut acheter les chenilles dans toutes les teintes et dans toutes les grosseurs.

Exécution des broderies en perles, en paillettes et en chenilles. — Lorsqu'il s'agit de mosaïque de perles, les broderies se font en enfilant chaque perle séparément et en l'assujettissant par un point cousu. Pour les broderies de vêtements, souvent on enfile des perles sur un brin de fil et on attache par un point lancé de place en place des longs groupes de perles enfilées. On peut également suivre les dessins des broderies en perles en point devant en enfilant et fixant une perle dans chaque point.

Les paillettes se cousent séparément en nouant et coupant le fil à chacune. Cette façon de travailler en usage pour les broderies chères présente une solidité beaucoup plus grande que tout autre procédé, que celui, par exemple, d'un usage courant par lequel on enfile les paillettes sur un long brin de fil, comme on le fait pour les perles, que l'on attache ensuite sur le dessin à l'aide d'un point de chaînette au crochet.

Dans certaines provinces où l'on fabrique des broderies en paillettes, l'enfilage s'opère d'une manière primitive, très curieuse : dans un bol rempli de paillettes on dépose des aiguilles garnies de brin de fil, on secoue vivement le tout ensemble et les paillettes s'enfilent par ce moyen, sur les aiguilles, beaucoup plus vite qu'on ne le supposerait. Les vieillards et les enfants sont employés à cette besogne.

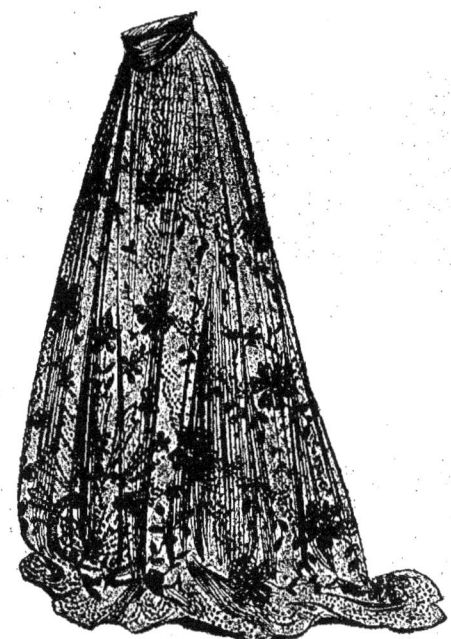

Fig. 58. — Jupe de mousseline de soie brodée de paillettes. (Travail moderne).

Les paillettes fixées au crochet à la main ou à la machine à broder par un point de chaînette ont un grave inconvénient, c'est le manque de solidité ; et si par malheur la couturière, en taillant la robe, ne prend pas le soin d'arrêter le fil immédiatement et tire le moins du monde dessus, toute la broderie se défait, ce qui ne risque pas d'arriver avec les travaux où les paillettes sont cousues une à une.

Les paillettes se fixent quelquefois aussi à l'aide d'une perle cousue à travers le trou de la paillette.

Les paillettes se posent aussi chevauchant l'une sur l'autre comme des écailles de poisson. Dans ce cas, on fait passer un point à cheval dans le trou de chacune, le point se trouve toujours caché par la suivante qui le recouvre.

Les paillettes se cousent quelquefois aussi sur un bourrage de coton pour obtenir des effets en relief très épais. Les grandes paillettes ont un trou à leurs deux extrémités servant à les fixer de chaque côté pour les empêcher de varier.

La chenille moyenne sert à broder en point plat. Très fine, elle remplace la soie pour broder au passé remordu ; quand elle est très grosse, on la pose en point de couchure pour éviter de l'érailler en traversant l'étoffe. Il est toujours prudent de préparer à l'aide d'un poinçon le trou par lequel doit passer la chenille.

La chenille est souvent posée en manière de soutache ; on lui fait suivre le dessin comme on le ferait pour cette dernière.

DEVOIR DU DESSINATEUR

Faire le dessin d'une robe brodée en perles et paillettes. — Le dessin d'une bande de satin blanc pour ameublement avec des perles, des paillettes et de la chenille mêlée à des points de soie.

DEVOIR DE LA BRODEUSE

Pailleter une blouse en mousseline de soie, un cadre Louis XVI en satin blanc.

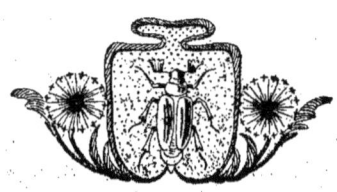

CINQUIÈME LEÇON

La broderie en soutache, en lacet et en galon

Historique. — La broderie en soutache et en lacet est presque du domaine de la passementerie, pourtant ce sont actuellement les brodeurs qui exécutent en ce genre les vêtements, confections et robes de dames, c'est pourquoi, nous nous occupons de ces travaux dans un livre, ne traitant que des broderies et des dentelles. Il est du reste passablement difficultueux de déterminer exactement où finit le rôle du passementier et où commence celui du brodeur.

La passementerie a une origine des plus anciennes elle était en usage bien avant notre ère. Au moyen âge et par la suite, les passementiers et les brodeurs furent compris sous les mêmes dénominations et désignés sous les noms de *tissutiers*, d'*enjoliveurs*, de *rubaniers* ou de *passementiers-brodeurs*.

De notre temps, on comprend encore sous le nom de passementerie les galons, certaines broderies, les rubans de soie mélangés d'or ou d'argent, de filoselle, de laine, de coton ou de lin.

Si variés que soient les genres compris aujourd'hui dans l'esprit des commerçants qui emploient le mot passementerie, ils l'étaient encore bien plus autrefois, car le nom passementier désignait l'un des vingt-quatre grands corps de métier de Paris, dans lequel rentraient ceux des brodeurs, des boursiers, des gilassiers, des boutonniers, des fabricants de bonnets, de toques, d'affublements, d'éventails, de masques et de dentelles. Tout cela est bien confus; c'est encore pis en Angleterre où l'unique mot, *lace* désigne les dentelles et les passementeries.

Pendant fort longtemps en France, les maîtres passementiers pouvaient seuls vendre des dentelles de fil, des ornements d'église, des bourses, des tresses, des lacets, des éventails, etc. Les dentelles d'or et d'argent étaient considérées comme des passementeries. Il est donc bien vrai de dire qu'il est embarrassant de distinguer ces dernières d'avec les broderies. Elles offrent cependant une particularité qui pourrait servir à établir une distinction : c'est que la passementerie proprement dite, est faite à l'aide de moules de bois ou de fer, au moyen de tressages, de tissages, au lieu que dans le travail dit broderie en soutache, en galons, en lacets, ceux-ci se cousent à plat sur une seule surface de l'étoffe. La broderie proprement dite, même quand elle a un envers, traverse l'étoffe des deux côtés ; encore ce fait doit comporter des exceptions pour les broderies en point de couchure qui elles non plus ne traversent pas l'étoffe.

De tout temps le travail des soutaches, galons et lacets a été employé concurremment avec la broderie dans certains travaux. Les broderies en soutache faites en Orient, dans des temps reculés étaient remarquables et encore de nos jours ce pays produit des morceaux de ce genre qui sont des modèles en l'espèce.

Le mot soutache est venu du Hongrois *szuszak*, désignant la tresse qui s'attache au shako des hussards. Actuellement, par soutache on entend un lacet étroit que l'on coud sur certains vêtements dans le but d'y figurer des dessins en relief. Le mot lacet est venu de *lacs* et désigne des cordons de fil, de laine ou de soie, plus ou moins larges, nommés aussi galons. Les insignes que les officiers portent cousus aux manches et au képi sont qualifiés aussi de galons et de soutaches ; certains uniformes en sont très largement ornés.

Pendant la fin du siècle dernier, on a fabriqué en grande quantité des vêtements de dame ornés de broderies en soutaches et en galons, cette mode eut une vogue extrême, et sans doute on la verra reparaître dans un temps plus ou moins prochain, car elle est d'une riche élégance et la mode nouvelle puise le plus souvent la dernière nouveauté dans les réminiscences du passé.

Dessin spécial à la broderie en soutache. — Le dessin de broderie

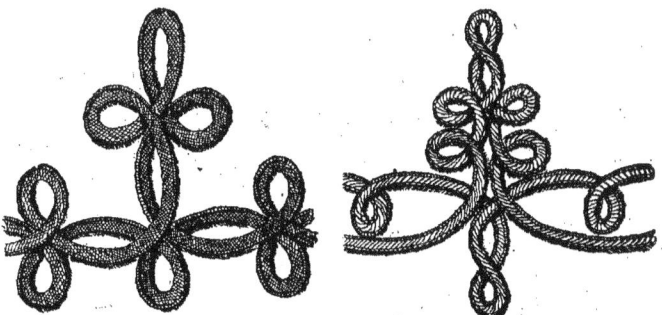

Fig. 59 et 60. — Broderies en lacet et en galon.

Fig. 61. — Broderie en soutache fine.

Fig. 62. — Fond vermicelle brodé en soutache.   Fig. 63. — Broderie en soutache debout

en soutache, qu'il soit destiné à être exécuté à la main ou à la machine, doit avoir pour qualité absolue, de faire suivre la soutache ou le galon sans qu'on soit obligé de couper avant d'être arrivé au bout du dessin. Les coupures au milieu des dessins enlèvent la solidité. Il est non moins indispensable de tenir compte de la grosseur de la soutache, des lacets ou galons destinés à traduire le dessin. Si on omettait de s'y conformer, on risquerait d'avoir un ensemble beaucoup trop lourd ou d'aspect trop maigre, une fois la broderie terminée.

Dans certains dessins, les galons se trouvent mélangés aux soutaches ; ils sont même quelquefois sertis de soutache et brodés de semés, de fleurettes, de points noués, etc.

Dans les broderies ou applications, l'emploi des lacets ou larges galons a joué de tout temps un grand rôle. Sous le règne de Henri II les broderies étaient agrémentées de galons. Les époques Louis XIV et Louis XVI ont présenté les plus nombreux exemples de l'alliance des soutaches et des galons à la broderie ; les dessins de ce temps sont féconds en documents pour les dessinateurs qui doivent toujours se préoccuper d'assembler dans une

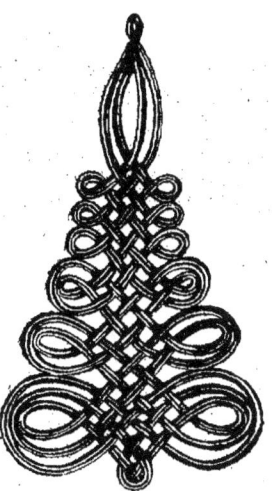

Fig. 64. — Motif brodé en soutache pour vêtement.

heureuse proportion les parties brodées et les parties soutachées d'un travail, de façon à ne pas entasser dans un dessin toute une suite de l'un ou de l'autre genre.

Les dessins de soutache les plus difficiles à bien composer sont ceux destinés à couvrir complètement l'étoffe, il est très difficile de faire une belle composition lorsqu'on est enfermé dans l'impossibilité de couper la soutache qui doit partir à une extrémité du dessin, se développer d'une façon continue en formant des méandres, des zigzags, des retours, des serpentins, des volutes, en évitant dans beaucoup de cas des croisements qui alourdiraient les formes ou gêneraient les brodeuses. Quand le dessin est destiné a être exécuté en soutache *debout*, c'est-à-dire, cousue de côté, de façon qu'elle se tienne droite, on ne doit jamais former de croisements dans la composition. Si cela est acceptable dans certains cas avec des galons plats ou des soutaches minces qu'on dirige pour former des boucles et des huit répétés, c'est inadmissible avec la soutache debout, le croisement faisant des épaisseurs qui gâtent l'aspect du travail.

On a abusé il y a quelques années d'une sorte de fond vermicellé qui couvrait des vêtements entiers. Ce genre nécessitait une étude particulière et présentait au compositeur plus de difficultés qu'on ne pourrait le croire.

Matériaux employés pour la broderie en soutache. — On emploie des soutaches d'or, d'argent, de laine ou de soie pour broder et aussi des ganses de différentes sortes, des tresses, des galons de fantaisie.

Exécution de la broderie en soutache. — Cette exécution se fait à la main ou à la machine. Nous parlerons de cette dernière façon dans la leçon traitant des broderies mécaniques. Ici, le travail à la main doit seul nous occuper. On coud les soutaches avec un point devant en suivant le dessin tracé. On arrête au point de départ ou à la fin du travail en faisant un trou au poinçon dans l'étoffe et en rentrant le bout de la soutache par-dessous. Les galons et les lacets se posent quelquefois avec des points de piqûre de chaque côté, ou bien comme nous l'avons dit déjà, on les sertit avec une soutache. Dans ce cas, on fixe d'abord le galon par un bâti, puis on coud la soutache et le galon tout ensemble en prenant l'étoffe dans le même point.

Les soutaches sont quelquefois mélangées de perles, de paillettes ou de portions brodées, alors on travaille ces divers genres comme nous l'avons indiqué pour chacun d'eux spécialement.

La couture de la soutache debout est plus difficile à bien faire que celle de la soutache à plat, mais c'est un tour de main qui s'acquiert assez promptement par la pratique.

DEVOIR DU DESSINATEUR

Une bande de vingt centimètres de haut où il fera entrer un ornement courant de galon mélangé à un dessin de soutache.

DEVOIR DE LA BRODEUSE

Un échantillon de soutache à plat avec dessin de boucles. — Un échantillon avec soutache debout en vermicellé. — Un échantillon avec mélange de galons brodés sertis de soutache.

SIXIÈME LEÇON

La broderie d'or.

(Voir la planche hors texte page 31.)

Historique. — Les broderies dites broderies en or sont celles exécutées avec des fils d'or, d'argent ou autres métaux. On retrouve la broderie d'or citée dans tous les temps et employée pour un grand nombre d'usages, comme le démontrent les citations historiques que nous avons réunies ici. Nous avons dit à la quatrième leçon du premier volume, que les Égyptiens battaient l'or et le découpaient en lames pour en broder les tuniques de lin des prêtres et les voiles du temple. Tarquin l'ancien est le premier qui ait porté à Rome une robe brodée d'or. Byzance a surchargé d'or ses luxueuses broderies qui étalaient le faste et la richesse sur tout ce qu'elles décoraient.

Les historiens du moyen âge nous retracent les descriptions des broderies d'or faites pour les ornements du culte et pour les cours des monarques; ils nous disent que Charlemagne se montrait, dans les grandes solennités, avec un justaucorps brodé d'or.

Adhélaïs, femme de Hugues Capet, brode une chape sur laquelle elle représente, avec le fil d'or, Dieu le père, entouré de séraphins, et Dieu le fils sous forme d'agneau, entouré de figures symboliques.

Gisèle, femme de Saint Étienne, roi de Hongrie, brode, vers le xie siècle, une chasuble avec Jésus-Christ bénissant, figuré en or, destinée au pape Jean XVIII.

L'église Saint-Pierre, de Rome, conserve dans son trésor une dalmatique datant probablement de la même époque et qui est, dit-on, la plus belle broderie du monde. Les figures y sont brodées en or et en soie. Le xiie et le xiiie siècle marquent un grand progrès dans l'art de la broderie qui, à ces époques, commence à prendre une large extension. Beaucoup de croisés rapportent d'Orient de luxueuses broderies d'or et de soie qui font connaître de nouveaux points et initient à des façons de travailler encore inconnues en Europe. C'est à ce moment que l'on voit apparaître l'usage d'habiller les statues des saints avec des vêtements surchargés de broderies d'or et d'argent. L'Espagne s'est rendue célèbre dans ce genre. Dans le même temps, on voit également surgir la coutume des armoiries brodées, et chez les seigneurs l'habitude d'arborer leurs couleurs brodées sur des étendards portés dans les tournois et à la guerre. La même décoration ornait les hommes et les harnais de leurs chevaux.

On brodait aussi en or, à part, sur des morceaux de toile grossière, des personnages ou des pièces diverses que l'on cousait ou que l'on collait sur un fond de soie ou de velours. Quelquefois, les personnages étaient brodés directement sur du drap d'or et les têtes seules exécutées séparément avec des soies d'une très grande finesse, collées très habilement pour être ensuite fixées par des points.

Fig. 65. — Reliure allemande du xvi° siècle.

Vers 1270, on fit des reliures en damas, en satin, en velours, brodées d'or et enrichies de perles et de cabochons de pierres fines. On en fit aussi en drap d'or rebrodé d'or et d'argent. (Voir la figure 65).

La ville de Tours était renommée pour ses habiles brodeurs et

Fig. 66. — Personnage en broderie d'or nué.

dessinateurs. Au moyen âge, les corporations et les confréries de brodeurs étaient nombreuses. C'est en 1272 qu'Étienne Boileau, prévôt de Paris, les réunit en une seule association générale dont les membres ne pouvaient employer, pour leur travail, que l'or le plus fin. L'emploi des fournitures de qualité inférieure n'y était pas seulement réprouvé, il y était sérieusement puni. Pour entrer dans cette nouvelle corporation, les compagnons devaient produire un chef-d'œuvre. S'ils étaient fils de maître brodeur, on ne leur demandait qu'une *image d'or nué*. Dans tout autre cas, on exigeait d'eux la reproduction d'une histoire entière où figuraient plusieurs personnages brodés en or et en soie. Les femmes n'étaient pas exclues de cette association ; les ouvrières s'y divisaient en maîtresses et en *grenouilles*, on désignait ainsi les ouvrières de peu de talent; sans doute étant fort peu payées, elles étaient condamnées à ne boire que de l'eau, d'où était venu leur sobriquet. Les ouvriers étaient désignés par le nom de leur spécialité, parmi lesquelles on remarquait les découpeurs et les *égratigneurs;* ces derniers, à l'aide d'un fer fabriqué à cet effet, égratignaient les satins et les étoffes de soie en suivant les contours tracés d'un dessin, ou bien ils coupaient les boucles des velours bouclés dans certaines parties; ce genre de travail était une sorte de gravure sur étoffe, on le mélangeait à des broderies d'or et il était du ressort des brodeurs ; mais la mode en était déjà disparue au xiiᵉ siècle, et elle n'a pas été reprise parce que ce travail enlevait trop de solidité aux tissus sur lesquels on l'exécutait.

Il y avait encore les chasubliers et les faiseurs d'aumônières; comme nous avons eu occasion de le dire au sujet des broderies en laine et en soie sur toile, la mode des aumônières richement brodées était venue des croisades : c'étaient des sacs ou bourses que l'on portait attachées extérieurement à la ceinture. Elles servaient à mettre l'argent, les papiers, les livres d'heures, etc. (fig. 67).

La broderie d'or était encore en usage pour l'ameublement. Au moyen âge, les riches tentures brodées servaient à faire des divisions dans les vastes pièces des châteaux; on les posait à l'aide de cordes et de crochets; elles faisaient l'office de cloisons inconnues dans l'architecture d'alors. Les souverains avaient des garnitures de chambre pour chaque fête de l'année; ces garnitures étaient quelquefois de drap tissé d'or ou d'argent, brodé de même. Charles V possédait une chambre de drap d'or brodé de *plusieurs armes*, disent les historiens de son époque, et une autre chambre de drap d'argent brodé aux armes de France. La chambre de Jeanne de Bourgogne, dans le palais de Reims, était brodée de perroquets et de papillons travaillés d'or fin.

Avignon, à la suite du séjour des papes dans cette cité, possédait des ateliers de brodeurs chasubliers qui sont restés longtemps célèbres.

En 1470, Louis XI fit venir d'Italie d'habiles brodeurs; parmi eux on mentionne, notamment, un tireur d'or très expert.

Au xvᵉ siècle, les Espagnols

Fig. 67. — Aumônière brodée d'or.
(*Musée de Cluny*).

emploient les paillettes d'or mêlées à la broderie de fil de même métal.

Au xvi° siècle, l'Italie devenue le siège du plus grand luxe, éblouissait le monde entier de ses splendeurs comme l'avait fait Byzance autrefois, et étendait partout l'influence de son faste. Avec la Renaissance, les plus grands artistes se sont occupés de la broderie : Raphaël lui-même avait fourni, sur la demande de François I", le dessin d'un ameublement brodé à fond d'or, connu sous le nom de chambre du Sacre, composé d'un lit, de fauteuils, de pliants, d'un

Fig. 68. — Broderie d'or sur velours rouge. (Motif de décoration d'une chape xvii° siècle).

dais, d'un écran, d'un tapis de table. Ces merveilleuses broderies étaient conservées à l'abbaye de Saint-Denis ; elles furent détruites à la Révolution.

C'est au xvii° siècle que l'on a brodé un grand nombre de tableaux où l'or s'associait à la soie ; certains avaient des reliefs tellement accusés qu'on aurait pu les croire en bois sculpté : tel le tableau espagnol du musée de Cluny qui représente Adam et Ève. On faisait en Espagne, à cette même époque, de splendides parements d'autel, des dais de velours recouverts d'arabesques, des chapes, des dalmatiques, des couvertures de lutrin brodés d'admirables reliefs d'or ou d'argent se détachant sur des fonds de velours (fig. 68).

En France, sous Henri II, les costumes de velours noir, si fort à la mode, étaient entièrement brodés d'or ; les pourpoints et les manteaux des seigneurs étaient garnis d'or; les corsages, les manches, les tabliers et les bas de jupes des dames se couvraient des niellures de la broderie d'or, ainsi que les toques de velours.

Fig. 70. — Manteau de l'ordre du Saint-Esprit (*Musée de Cluny*).

Sous Henri III, la mode des broderies d'or prit encore un plus grand développement. C'est Henri III qui fonda, en 1578, l'ordre du Saint-Esprit; tous les chevaliers de cet ordre portaient des manteaux de velours rouge brodés d'or et ornés de Saints-Esprits d'or et d'argent, également brodés. Le chapeau, les gants étaient brodés de cet emblème, de même que les ornements portés par le clergé pour les cérémonies de l'ordre. Cette décoration, dans son ensemble, était d'une richesse somptueuse.

Henri IV dut réagir contre le luxe des broderies de sa cour en publiant des édits contre les dorures et les clinquants, et Louis XIII promulgua des édits encore plus sévères qui n'atteignaient pas, heureusement, les vêtements sacerdotaux. Les belles broderies d'or en relief faites sous son règne sont des plus remarquables et peuvent, par les morceaux qui nous en restent, faire apprécier la beauté de ce genre superbe à cette époque.

Sous Louis XIV, le luxe des broderies de l'ameublement et des habits éblouit l'Europe entière.

Fig. 71. — Motif de broderie d'or avec paillettes, d'un habit de l'époque de Louis XIV.

On voyait même d'énormes cariatides en broderies d'or orner l'appartement du roi à Versailles. On poussa l'engouement jusqu'à fondre la monnaie pour fabriquer du fil et du paillon. Les habits brodés d'or, d'argent et de paillettes en métal resplendissaient comme des soleils dans les superbes salons du temps. Louis XIV avait plusieurs brodeurs attachés à sa personne et l'art difficile de la bro-

nœuds du fil d'or. Quand on brode au passé sur velours ou sur des étoffes brochées, on met un papier bâti sur l'étoffe, dans les parties dessinées, afin de soutenir la broderie et l'empêcher de s'écraser.

Le *passé épargné* ou *en épargne* se fait avec du fil d'or fin et avec des points très rapprochés les uns des autres. L'or ne doit recouvrir que les contours extérieurs du dessin. Ce procédé est économique : il emploie moins d'or que le passé ordinaire. Le passé en épargne se travaille en faisant des points de biais, et il est nécessaire d'éviter les irrégularités, qui feraient sortir des points d'un côté plus que de l'autre.

La *broderie en guipure* ou *guipé* (fig. 72) s'exécute encore comme anciennement. Pour cette broderie on se sert de découpures en carton formant le bourrage. On ponce le dessin sur carton et, à l'aide d'un instrument spécial très tranchant, on découpe les pièces composant le dessin. Le brodeur ayant préparé toutes les découpures nécessaires, il ponce le dessin total sur l'étoffe et pose chaque découpure à la place qu'elle doit occuper, puis il les colle sur l'étoffe ou les fixe par des fils lancés. Les ouvrières brodeuses recouvrent ces formes en carton de fils d'or conduits à l'aide de la broche et les fixent aux extrémités par des points de soie cirée. S'il y a des morceaux séparés qui forment pendeloques détachées, ils sont guipés sur des plaques de plomb. On guipe en clinquant et en lame ; dans ce dernier cas, les brins d'or doivent être posés très également à côté les uns des autres ; chacun des points doit recouvrir le tiers ou la moitié du point suivant à chaque retour. La lame est sujette à casser facilement, quand elle a trop de portée ; il faut donc éviter de faire des points trop longs ou de tourner trop court. On brode en lame sur tulle ; ce genre avait une très grande vogue sous le premier Empire, pour les robes de tulle blanc (fig. 73).

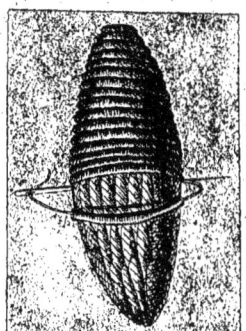

Fig. 81. — Pose de la cannetille sur un bourrage de ficelle (figure agrandie).

La *broderie en rapport* se fait avec des motifs brodés à part que l'on trouve tout faits chez les fabricants. Ces motifs sont brodés sur toile forte ; ils sont entourés d'une chaînette qui sert à dissimuler les points de couture servant à les fixer lorsqu'on les applique sur l'étoffe qui leur sert de fond. Cette petite chaînette entourant les motifs se nomme **pratique**. La broderie de rapport se fait en lame, en satin et en autres points. Elle a cet avantage qu'elle permet d'exécuter en peu de temps un travail qui demanderait quelquefois plusieurs mois si on devait le faire directement sur le fond.

La broderie en couchure se fait en gros fils d'or enroulés par un, deux ou trois ensemble sur une broche et que l'on coud à plat bien à côté les uns des autres, en autant de rangées qu'il faut pour couvrir la surface du dessin (fig. 77).

La plus grande difficulté à éviter dans la broderie en couchure, c'est de rendre les retours des rangées imperceptibles, surtout lorsqu'on travaille avec trois fils dans un objet qui s'élargit ou se rétrécit. Pour éviter cet inconvénient, il faut écarter un des brins d'or qui sont sur la broche ; on le fixe avec quelques points de soie vers le retour et on conserve ainsi le coulant du contour du dessin que les trois brins réunis interrompaient. Les points de soie qui arrêtent les fils d'or de la couchure sont très visibles ; on leur donne un sens régulier pour qu'ils forment des figures géométriques et la broderie prend le nom des formes qu'ils représentent : couchure en chevrons, en écailles, en losanges, en serpentins, etc., etc. Quelquefois on ajoute sur la couchure des ombres de soie, cela sert à dissimuler les retours et donne de beaux effets.

L'or frisé ne peut s'employer qu'en couchure : on fait en couchure des cercles de deux brins d'or, tournés en commençant par le centre et qui, juxtaposés les uns près des autres, forment des fonds magnifiques à cause des jeux de lumière qui scintillent au milieu des fils posés en différents sens. Ces fonds sont superbes, employés avec de grands dessins d'un beau mouvement en broderie nuancée. On fait aussi de ces fonds en perles d'or ou d'argent (fig. 78).

La broderie en gaufrure se fait en tendant de gros fils espacés à une certaine distance les uns des autres sur la partie destinée à être brodée en gaufrure. On arrête ces fils bien droits de façon à ce qu'ils ne puissent pas varier, ensuite on les recouvre en sens contraire de fils d'or roulés en deux brins sur la broche ; on coud **ferme de deux en deux brins** de fil d'un bout à l'autre de l'ouvrage, on revient et on

plètes on devait travailler des parties séparées et les réunir après. On comprend qu'une tête, un bras ou un fruit rond ne pouvaient se faire en une seule fois et s'exécutaient en deux ou plusieurs parties séparées. En ce cas, les morceaux brodés étaient rapprochés et cousus ensemble par des points que l'on s'appliquait à rendre invisibles.

S'il y avait dans la broderie des parties détachées, comme des plumes, des branches, des fleurs, etc., etc., on les faisait en lame, en bouillon, en paillettes, suivant que l'une ou l'autre de ces fournitures rendait mieux l'effet.

Pour la broderie en bas-relief, encore en usage, le brodeur obtient les saillies et les reliefs en faisant un bourrage à l'aide de gros fils écrus ou de ficelles cirées qu'il conduit avec une broche et qu'il fixe avec des points en revenant plus ou moins de fois, selon le relief qu'il veut donner à ses motifs; il les modèle à mesure en employant l'ébauchoir de fer pour marquer les fentes, les revers, les nervures, etc.; puis il passe sur toute la surface du bourrage des fils de soie cirée en sens contraire, pour le maintenir. La broderie en bas-relief se fait au même point que la broderie en ronde-bosse. Les graines, les nervures de feuilles se font souvent en clinquant; on y mêle le guipé pour varier les effets.

Quand on veut obtenir certaines parties de broderie en relief plus élevées que les autres, on les exécute à part et on coud à la place qu'elles doivent occuper, des morceaux de feutre superposés, découpés de même forme que la partie brodée, mais plus petits. On pose ensuite la broderie sur ce bourrage et on la fixe avec des points; cela s'appelle *emboutir*. La broderie en bas-relief s'exécute souvent par motifs

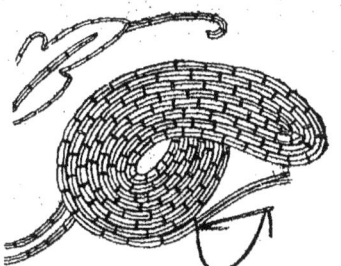

FIG. 80. — Travail de fils d'or en couchure.

séparés sur de la grosse toile; lorsque les différents sujets sont brodés on les découpe et on les rapporte sur leur vrai fond en se conformant au dessin qui y a été poncé à l'avance. Les tiges et les fins détails se brodent directement sur le fond.

L'*or nué*, qui a été si célèbre aux siècles passés, n'est plus en usage comme autrefois, où il servait à faire de magnifiques tableaux, souvent dessinés par de très grands artistes. Pour faire un tableau d'or nué, le brodeur employait du taffetas tendu et doublé de grosse toile forte. Le dessin devait être tracé un peu gros sur l'étoffe. Le brodeur commençait par couvrir toute la surface du fond du tableau avec des brins de fil d'or assez gros, lancés dans toute la hauteur ou la largeur du travail et fixés seulement aux deux extrémités. L'esquisse n'apparaissait plus qu'au travers des fils d'or tendus. Pour commencer le travail, le brodeur piquait son aiguille enfilée de soie de manière à embrasser deux fils d'or par un point qui les fixait. Dans les endroits ombrés, les fils de soie se touchaient tout à fait, cachant complètement l'or. Les points étaient distancés les uns des autres à mesure que l'on voulait obtenir des lumières, en dégradant les nuances et laissant voir de plus en plus d'or jusqu'à ce que dans la lumière lesdits fils d'or ne soient plus arrêtés que par quelques soies extrêmement fines, de façon à conserver tout le brillant. Un bon brodeur devait tenir constamment au moins vingt aiguilles enfilées des nuances de soie qu'il employait, pour ne pas se tromper dans les gradations de son travail. L'*ornué* est le travail le plus long et celui qui nécessite le plus de connaissances spéciales et d'intelligence. Cette magnifique broderie se fait, notamment, pour les ornements d'église. (Voir la figure 66.)

Ce qu'on appelle l'*or bâtard* est un travail qui est moitié moins couvert de fils d'or que le premier; il donne à peu près le même effet, mais en beaucoup moins riche. On entoure quelquefois les dessins de l'or nué et de l'or bâtard de gros cordons d'or en relief pour en augmenter la richesse; mais cela lui enlève beaucoup de son caractère.

La *broderie d'or au passé*, pour être solide, ne doit pas avoir grande largeur; les fils doivent traverser l'étoffe autant en dessous qu'en dessus; il faut faire les points un peu en biais et les rapprocher imperceptiblement vers l'intérieur des contours des enroulements en les écartant, au contraire, légèrement du côté extérieur. Pour certains ornements d'église on brode à deux endroits, c'est-à-dire sans envers; dans ce cas, les étoffes ne sont pas doublées. Il est bon de se servir du poinçon pour préparer le trou où passera le fil afin de ne pas l'endommager, et il faut éviter de laisser voir les

derie d'or a été particulièrement florissant sous son règne. Cet art a toujours été exercé par des ouvriers ou des ouvrières spéciales; on estimait qu'il fallait faire un apprentissage de neuf ans pour exercer convenablement la profession de brodeur d'or. Comme autrefois, les peintres de cette époque n'ont pas dédaigné de composer des dessins destinés à la broderie d'or.

On signale en ce même temps l'apparition du bâton de maréchal de France. Cet insigne avait une hauteur de 18 pouces, dit l'histoire; il était recouvert de velours bleu brodé de fleurs de lys d'or.

De son côté, l'Orient faisait des merveilles : en Turquie, en Chine et dans l'Inde, nous retrouvons des

Fig. 72. — Motif de broderie d'or d'un habit du premier Empire, exécuté en guipure ou guipé.

broderies d'or superbement travaillées. Les Géorgiennes et les femmes turques réussissent on ne peut mieux à broder sur gaze et sur les tissus légers avec des fils d'or très fins; elles exécutent des travaux, en ce genre, d'une délicatesse presque inconcevable, et elles arrivent également à broder les formes les plus délicates sur le maroquin sans altérer le dessin et sans écorcher l'or ni la peau.

Les Chinois, eux, font de la broderie à l'aide d'un papier doré filé sur soie dont ils

Fig. 73. — Motif de broderie exécutée en lame et en clinquant sur une robe de tulle blanc du premier Empire.

Fig. 74. — Broderie d'or au passé exécuté avec un fil double et agrémenté de paillettes (Motif d'une broderie turque).

ont le secret. Sous Louis XV et sous Louis XVI, la broderie d'or a subi l'influence générale ; elle a vu ses formes s'affiner, s'alléger. Désormais, l'or et l'argent s'emploieront en fils, en grains, en perles, en paillettes, en barres, en lames, en frisures, en chaînettes, en soutaches ; l'habit de mariage du grand dauphin est brodé de lys d'or et de perles fines.

Louis XV fait exécuter en broderie d'or des travaux considérables pour la réunion du chapitre de l'ordre du Saint-Esprit qui n'avait pas été assemblé depuis Henri III. Trois cents ouvrières furent occupées plusieurs mois à broder des Saints-Esprits alternés avec des fleurs de lys, entourés de riches bordures d'or. Les vêtements sacerdotaux du clergé, pour cette cérémonie, étaient brodés d'or et d'argent comme sous Henri III.

La Révolution de 1793 a détruit en partie les plus belles œuvres de broderies d'or ; on fit découdre alors les galons et tous les ornements d'or et d'argent garnissant les plus belles broderies pour les faire fondre au profit de la nation. C'est alors que disparurent les plus belles pièces connues, dont la perte est restée irréparable pour l'art de la broderie à l'aiguille.

Sous le premier Empire, on a semé des abeilles d'or à profusion sur le velours et sur la soie. La cour impériale fit broder quelques beaux costumes, mais les guerres fréquentes entravaient le développement du commerce et des arts. Au sacre de Charles X, les habits brodés d'or reparaissent en masse, mais ils sont loin d'égaler les belles broderies similaires du siècle de Louis XIV.

Sous la Restauration, les broderies d'or et de clinquant atteignent à l'excès dans la toilette féminine, on y sent aussi un goût moins pur ; puis peu à peu, avec les modifications du costume, la broderie d'or s'est démodée. Elle ne s'est plus guère employée que pour les uniformes, pour les vêtements sacerdotaux, certains objets du culte, comme les bannières, les dais qui servent dans les processions.

On fait encore quelques broderies d'or pour les robes, les manteaux du soir, mais maintenant les belles broderies en or ont beaucoup décliné en France et ne paraissent pas avoir beaucoup de chance de relèvement, étant données les tendances actuelles. Il est regrettable de voir ce travail de décoration ancien, superbe et si riche, disparaître lentement. Quelques grandes maisons fabriquent et maintiennent encore cependant les traditions de cet art remarquable si différent des autres broderies.

Dessin spécial à la broderie d'or. — Les broderies d'or sont de sortes si variées et si différentes entre elles qu'il n'est pas possible d'expliquer le genre de dessin s'appliquant à la broderie d'or en général; il faut nécessairement entrer dans le détail de chacune des espèces en particulier.

Les variétés les plus anciennes étant plates, tous les dessins pouvaient se traduire par le moyen de l'or et de l'argent aussi bien qu'à l'aide de la soie, de la laine ou du coton. Plus tard, quand vinrent les broderies représentant des scènes qui étaient presque des tableaux, les broderies étaient composées et dessinées par les grands peintres; l'or nué et la soie traduisaient par l'aiguille de vraies peintures rivalisant avec les œuvres des maîtres primitifs. Puis, lorsque naquit la mode des broderies d'or représentant des hommes, des animaux, des cariatides en relief de grandeur naturelle, les modèles ont été empruntés au modelage et ce sont les sculpteurs qui en ont fait les maquettes.

Sous Louis XIV, lorsqu'il fallut dessiner les merveilleux habits de la cour, ce ne sont plus les sculpteurs, mais bien les dessinateurs du roi qui cherchèrent les dessins les plus beaux, les plus riches et les mieux

Fig. 75. — Oiseau brodé en papier doré filé sur soie
(Travail chinois moderne à très gros relief.)

compris, empruntant au style de l'époque les meilleures compositions. Sous Louis XVI, le dessin s'est modifié avec les procédés d'exécution et la broderie d'or a épousé les transformations du style, ce qu'elle a continué à faire sous tous les régimes qui ont suivi, et ainsi de suite jusqu'à nos jours.

Pour bien faire des dessins de broderie d'or, il est indispensable de connaître les manières de travailler en usage. Nous allons donc en donner l'explication la plus claire qu'il nous sera possible, empruntant surtout aux époques d'un passé glorieux les plus beaux modèles, les façons de travailler qui ont régi l'exécution des chefs-d'œuvre des siècles marquant dans l'histoire, car si l'on voulait faire revivre les belles broderies d'or, c'est en retournant en arrière qu'il faudrait chercher à s'inspirer, les genres modernes n'atteignant pas les splendeurs d'autrefois. De nos jours, les procédés anciens sont encore employés avec des modifications qui ont en somme peu d'importance, car la théorie est restée la même.

Fig. 76. — Broche pour conduire le fil dans la broderie d'or.

Matériaux employés dans la broderie d'or. — Pour broder en or, il faut certaines fournitures spéciales. Ce genre de broderie nécessite comme fond des étoffes résistantes. On y emploie les différents genres de soieries, le velours, le drap, le cuir. Souvent la broderie est faite sur toile forte et appliquée. On double de toile solide les étoffes qui ne sont pas assez résistantes par elles-mêmes. On emploie les fils d'or, d'argent, d'acier, chiné et quantité de fils de métaux teintés de toutes grosseurs, ainsi que de l'or battu en lame.

Un métier solide bien établi est la première condition de travail pour broder en or ; une broche est indispensable pour monter le fil et le conduire sans jamais le toucher avec les doigts, ce qui pourrait le ternir. Il faut encore un poinçon, un ébauchoir, un outil pour couper le carton ou le parchemin des découpures qui bourrent ces broderies. On ajoute à cet outillage un petit casier à fournitures dans lequel on range les perles, les paillettes, la cannetille, le bouillon, etc.

pourraient le faire des brins de soie ou de laine, forment les pétales des fleurs ou des feuillages composés.

Ce genre de broderie pourrait bien avoir eu pour origine les travaux de couvent destinés, au début, à confectionner des reliquaires et qui comportaient déjà de longue date des papiers dorés, des rubans roulés en manière de filigranes et de minuscules fleurettes d'étoffes ornées de perles, travaillées avec une adresse extrême ; heureusement, on conservait ces merveilles de patience sous verre, ce qui nous permet d'admirer les rares échantillons conservés par les amateurs.

Fig. 82. — Motif de broderie rococo ancienne.

Sous Louis XV, la broderie rococo affectait les formes à la mode, en rocailles composées de coquilles ou de conques agrémentées de frisures et d'ornements qui les reliaient en faux-aplomb avec des guirlandes ou des bouquets. Sous Louis XVI, on sentait le retour vers l'art antique se manifester et s'allier à la reproduction de fleurs très étudiées, de nœuds, de médaillons ornés de perles, d'attributs et de paniers suspendus par des flots de rubans noués, que nous recopions toujours avec plaisir tant ils sont jolis.

Fig. 83. — Roses en mousseline de soie pour garniture de robe (Moderne).

Les fleurs de mousseline de soie en relief ont orné les robes-fourreaux des élégantes du premier Empire, et la broderie rococo employée autrefois pour la toilette, est consacrée aujourd'hui à une multitude de travaux pour l'ameublement léger : écrans, paravents, coussins, etc., et aussi pour une quantité d'élégantes fantaisies, telles que : boîtes, couvertures de livres, cadres pour photographies, nécessaires et autres, exécutées sur de la moire ou du satin de couleur claire. Les rubans constituant la broderie de ces objets sont mélangés de fils d'or et de paillettes.

Les fleurs en relief en mousseline de soie disposées en guirlandes, en poufs, en arrêt de volants, en girandoles ou en choux, garnissent les robes de bal actuelles. Les abat-jour leur empruntent ces garnitures, de même que les sacs à bonbons.

On fabrique, actuellement, des fleurs de mousseline de soie en relief pour la grande couture, dans la Haute-Saône.

Dessin spécial à la broderie en rubans et à la broderie en mousseline de soie. — Ce genre de dessin implique l'obligation pour le dessinateur de connaître les matériaux qui seront employés pour faire la broderie qu'il aura à dessiner; car, dans la broderie rococo, chaque fleur étant faite de rubans qui forment les pétales aux points lancés et qui ont l'épaisseur d'un ou de deux rubans juxtaposés, il est indispensable de savoir quelle largeur donnera la fourniture dont la brodeuse doit faire usage. Il faut également combiner l'arrangement des fils d'or et de soie et de paillettes que l'on mélange presque toujours à ce genre de broderie, et grouper les fleurs et les ornements de façon à ne pas mettre des parties brodées en ruban trop entassées les unes près des autres, afin d'éviter qu'il en résulte un travail trop lourd.

On associe quelquefois à la broderie rococo des fleurs en mousseline de soie en complet relief, et on fait usage de cordonnets variés et de rubans de différentes largeurs pour différencier les effets.

Le dessin des broderies rococo se ponce comme tous les autres dessins avec cette seule réserve que si l'on indique des fleurs en mousseline de soie relief, on ne pique pas la forme de ces fleurs qui se fixent par des points sur l'étoffe de fond. Aux endroits que les fleurs doivent occuper on met un point ou un petit rond qui ne doit pas se voir, une fois la fleur fixée.

fait quatre rangs de même, puis on recommence en alternant. Cela donne un travail imitant l'effet de la vannerie.

La broderie satinée ressemble à la gaufrure; elle en diffère en ce qu'on alterne les points à chaque retour et que souvent, l'on satine avec un seul brin d'or sur la broche.

La broderie en cannetille se fait en bourrant les motifs avec de la ficelle (ou sans bourrage quelquefois). Le bourrage préparé, on coupe des petits morceaux de cannetille correspondant à la largeur du dessin à broder, puis, avec une très fine aiguille, enfilée de soie cirée, on traverse le petit tube de cannetille; s'il a été bien coupé, il doit correspondre exactement à la place qui lui était destinée, alors on pique l'aiguille dans l'étoffe tout contre le bourrage, on tire le fil et la cannetille s'applique horizontalement en place; on fait un deuxième tour à côté du premier et ainsi de suite (fig. 81).

Les perles et les paillettes d'or ou de métal s'emploient selon les indications que nous avons données à la leçon traitant de la broderie spéciale comportant cette ornementation.

DEVOIR DU DESSINATEUR

Le dessinateur fera une composition destinée à une bannière de société ou corporation, qui devra être brodée sur velours, en faisant usage de plusieurs points de broderie d'or.

DEVOIR DE LA BRODEUSE

La brodeuse s'exercera à faire des échantillons des divers points décrits dans la leçon.

SEPTIÈME LEÇON

Broderie en ruban, dite rococo. — Broderie en relief, en mousseline de soie.

La broderie faite en petits rubans de soie, figurant des fleurs, des feuillages, des nœuds, des ornements, semble avoir pris naissance sous le règne de Louis XV, alors que l'on se mit à traduire, avec l'aiguille comme avec le pinceau, des scènes mignardes et efféminées, quand ce n'était pas le triomphe de l'amour.

L'art de la broderie, si somptueux au siècle de Louis XIV, qui s'était déjà amoindri et rapetissé sous l'influence du régent, suivit le mouvement général ; les toilettes des femmes se couvrirent d'une surabondance de détails et d'effets en relief, compliqués, qui atteignirent même souvent les proportions les plus volumineuses.

Les costumes masculins furent ornés de fleurs délicates et charmantes traitées dans le même style, quoique avec des allures beaucoup plus raisonnables. Les broderies de petits rubans étroits, mariés à la cannetille, la chenille et aux effets de soie torse ou de soie plate à la chaînette et à la soutache, furent très à la mode. Tandis que le costume féminin employait les mêmes matières, en y ajoutant les fleurs en relief en mousseline de soie, qui furent d'abord importées de la Chine et vinrent ensuite de l'Italie.

Les broderies rococo sont d'une finesse de coloris et d'une grâce charmante. Les petits rubans qui les composent sont quelquefois de tons ombrés ou de plusieurs nuances dégradées, malgré leur étroitesse. Ces rubans minces, employés en traversant l'étoffe, comme

LA BRODERIE D'OR

Les auteurs qui ont écrit au temps de Louis XIV des ouvrages traitant des broderies, disent *qu'à cette époque* la cannetille et le bouillon étaient de petites lames d'or roulées en tire-bouchon sur une grosse aiguille de fer et formant un petit tuyau plus ou moins gros que l'on coupait en morceaux de la longueur nécessaire pour suivre le dessin. Actuellement, la cannetille est un morceau de fil d'or ou d'argent fin ou faux qu'on a roulé sur une tige de fer au moyen d'un rouet et le bouillon est une sorte de cannetille plate et luisante; pour s'en servir on les coupe à la longueur voulue, exactement comme on le faisait autrefois. La fabrication de cette fourniture s'est perfectionnée, c'est à peu près la seule différence qui existe entre l'ancienne et la nouvelle.

On se servait jadis et on se sert encore dans la broderie d'or de lame et de clinquant. La lame est encore aujourd'hui de l'or ou de l'argent battu en feuilles très minces que l'on découpe pour l'employer dans la broderie.

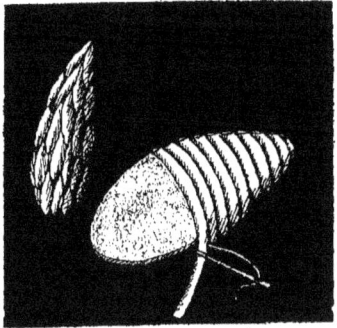

Fig. 77. — Façon de faire un bourrage en ficelle et façon de poser le fil d'or sur un bourrage de carton. (Très agrandie.)

Le clinquant est un gros trait d'or ou de métal passé plusieurs fois au cylindre pour le rendre brillant.

Le paillon est comme la lame du métal battu en feuille très mince, coloré d'un côté; on s'en sert surtout pour les broderies des costumes de théâtre.

Le carton, le feutre, le parchemin et la ficelle sont en usage pour les différentes façons du bourrage.

On se sert de cire jaune ou de cire vierge pour cirer la soie et de ce fait la rendre plus solide.

Les paillettes d'or et d'argent de toutes formes et de toutes nuances, les perles de métal ou imitation, ainsi que les pierreries (de verre généralement), tels sont les matériaux principaux de la broderie d'or.

Exécution des broderies d'or. — On brode en or, en ronde bosse ou en bas-relief.

En guipure.
En rapport.
En couchure. En or nué.
Au passé et au passé en épargne.
En gaufrure, en satiné, en cannetille.
En lame, en perles et en paillettes.

On faisait autrefois des figures en ronde-bosse ou des animaux grands comme nature, même plus grands ; pour réussir ce genre de travail il était nécessaire de faire modeler un sujet par un sculpteur habile, puis de le copier par parties détachées, à l'aide de morceaux de drap blanc appliqués les uns sur les autres, en suivant les portions plus ou moins en relief de l'original. Le drap était mouillé afin de prendre plus facilement les formes qu'on voulait lui imprimer à

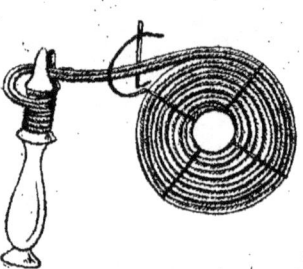

Fig. 78. — Façon de faire en couchure des cercles de fil d'or pour former des fonds.

l'aide d'un ébauchoir ou d'un petit instrument spécial en fer que l'on nommait *menne lourd*, ensuite on recouvrait cette grossière ébauche avec du carton très mince (analogue à ce que nous appelons bristol) fortement imbibé de colle claire. Chaque muscle, chaque pli devait être rendu par un relief un peu outré, car le fil d'or empâtait forcément les formes lorsqu'on le posait sur le bourrage. On recouvrait le tout de morceaux de taffetas jaune ou blanc, selon que la broderie devait être d'or ou d'argent ; le taffetas devait être bien collé et fortement tendu. Quand la préparation était bien sèche, on dessinait sur le taffetas le sens de couchure des points, puis, avec de la soie bien cirée, on cousait les fils d'or les uns à côté des autres, en suivant le sens des muscles ou des plis des vêtements, en ayant soin de donner aux points un sens régulier et qui alterne dans leur rencontre ; chaque point de soie, très serré, se trouve caché par les fils d'or voisins et donne à l'or l'effet d'un travail d'osier. Ce genre d'ouvrage se nommait le relief satiné. Il arrivait que pour les rondes-bosses complètes on devait travailler des parties séparées et les réunir après. On comprend qu'une tête, un bras ou un fruit rond ne pouvaient se faire en une seule fois et s'exécutaient en deux ou plusieurs parties séparées. En ce cas, les morceaux brodés étaient rapprochés et cousus ensemble par des points que l'on s'appliquait à rendre invisibles.

S'il y avait dans la broderie des parties détachées, comme des plumes, des branches, des fleurs, etc., etc., on les faisait en lame, en bouillon, en paillettes, suivant que l'une ou l'autre de ces fournitures rendait mieux l'effet.

Pour la broderie en bas-relief, encore en usage, le brodeur obtient les saillies et les reliefs en faisant un bourrage à l'aide de gros fils écrus ou de ficelles cirées qu'il conduit avec une broche et qu'il fixe avec des points en revenant plus ou moins de fois, selon le relief qu'il veut donner à ses motifs; il les modèle à mesure en employant l'ébauchoir de fer pour marquer les fentes, les revers, les nervures, etc.; puis il passe sur toute la surface du bourrage des fils de soie cirée en sens contraire, pour le maintenir. La broderie en bas-relief se fait au même point que la broderie en ronde-bosse. Les graines, les nervures de feuilles se font souvent en clinquant; on y mêle le guipé pour varier les effets.

Quand on veut obtenir certaines parties de broderie en relief plus élevées que les autres, on les exécute à part et on coud à la place qu'elles doivent occuper, des morceaux de feutre superposés, découpés de même forme que la partie brodée, mais plus petits. On pose ensuite la broderie sur ce bourrage et on la fixe avec des points; cela s'appelle *emboutir*. La broderie en bas-relief s'exécute souvent par motifs

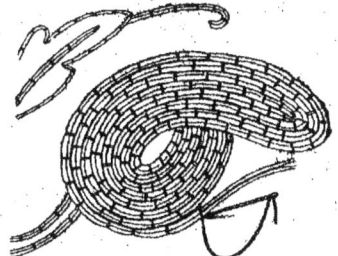

Fig. 80. — Travail de fils d'or en couchure.

séparés sur de la grosse toile; lorsque les différents sujets sont brodés on les découpe et on les rapporte sur leur vrai fond en se conformant au dessin qui y a été poncé à l'avance. Les tiges et les fins détails se brodent directement sur le fond.

L'*or nué*, qui a été si célèbre aux siècles passés, n'est plus en usage comme autrefois, où il servait à faire de magnifiques tableaux, souvent dessinés par de très grands artistes. Pour faire un tableau d'or nué, le brodeur employait du taffetas tendu et doublé de grosse toile forte. Le dessin devait être tracé un peu gros sur l'étoffe. Le brodeur commençait par couvrir toute la surface du fond du tableau avec des brins de fil d'or assez gros, lancés dans toute la hauteur ou la largeur du travail et fixés seulement aux deux extrémités. L'esquisse n'apparaissait plus qu'au travers des fils d'or tendus. Pour commencer le travail, le brodeur piquait son aiguille enfilée de soie de manière à embrasser deux fils d'or par un point qui les fixait. Dans les endroits ombrés, les fils de soie se touchaient tout à fait, cachant complètement l'or. Les points étaient distancés les uns des autres à mesure que l'on voulait obtenir des lumières, en dégradant les nuances et laissant voir de plus en plus d'or jusqu'à ce que dans la lumière lesdits fils d'or ne soient plus arrêtés que par quelques soies extrêmement fines, de façon à conserver tout le brillant. Un bon brodeur devait tenir constamment au moins vingt aiguilles enfilées des nuances de soie qu'il employait, pour ne pas se tromper dans les gradations de son travail. L'*ornué* est le travail le plus long et celui qui nécessite le plus de connaissances spéciales et d'intelligence. Cette magnifique broderie se fait, notamment, pour les ornements d'église. (Voir la figure 66.)

Ce qu'on appelle l'*or bâtard* est un travail qui est moitié moins couvert de fils d'or que le premier; il donne à peu près le même effet, mais en beaucoup moins riche. On entoure quelquefois les dessins de l'or nué et de l'or bâtard de gros cordons d'or en relief pour en augmenter la richesse; mais cela lui enlève beaucoup de son caractère.

La *broderie d'or au passé*, pour être solide, ne doit pas avoir grande largeur; les fils doivent traverser l'étoffe autant en dessous qu'en dessus; il faut faire les points un peu en biais et les rapprocher imperceptiblement vers l'intérieur des contours des enroulements en les écartant, au contraire, légèrement du côté extérieur. Pour certains ornements d'église on brode à deux endroits, c'est-à-dire sans envers; dans ce cas, les étoffes ne sont pas doublées. Il est bon de se servir du poinçon pour préparer le trou où passera le fil afin de ne pas l'endommager, et il faut éviter de laisser voir les nœuds du fil d'or. Quand on brode au passé sur velours ou sur des étoffes brochées, on met un papier bâti sur l'étoffe, dans les parties dessinées, afin de soutenir la broderie et l'empêcher de s'écraser.

Le *passé épargné* ou *en épargne* se fait avec du fil d'or fin et avec des points très rapprochés les uns des autres. L'or ne doit recouvrir que les contours extérieurs du dessin. Ce procédé est économique : il emploie moins d'or que le passé ordinaire. Le passé en épargne se travaille en faisant des points de biais, et il est nécessaire d'éviter les irrégularités, qui feraient sortir des points d'un côté plus que de l'autre.

La *broderie en guipure* ou *guipé* (fig. 72) s'exécute encore comme anciennement. Pour cette broderie on se sert de découpures en carton formant le bourrage. On ponce le dessin sur carton et, à l'aide d'un instrument spécial très tranchant, on découpe les pièces composant le dessin. Le brodeur ayant préparé toutes les découpures nécessaires, il ponce le dessin total sur l'étoffe et pose chaque découpure à la place qu'elle doit occuper, puis il les colle sur l'étoffe ou les fixe par des fils lancés. Les ouvrières brodeuses recouvrent ces formes en carton de fils d'or conduits à l'aide de la broche et les fixent aux extrémités par des points de soie cirée. S'il y a des morceaux séparés qui forment pendeloques détachées, ils sont guipés sur des plaques de plomb. On guipe en clinquant et en lame ; dans ce dernier cas, les brins d'or doivent être posés très également à côté les uns des autres ; chacun des points doit recouvrir le tiers ou la moitié du point suivant à chaque retour. La lame est sujette à casser facilement, quand elle a trop de portée ; il faut donc éviter de faire des points trop longs ou de tourner trop court. On brode en lame sur tulle ; ce genre avait une très grande vogue sous le premier Empire, pour les robes de tulle blanc (fig. 73).

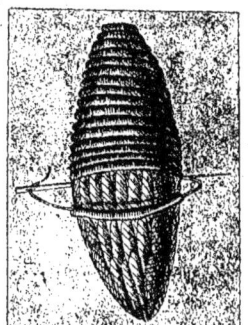

Fig. 81. — Pose de la cannetille sur un bourrage de ficelle (figure agrandie).

La *broderie en rapport* se fait avec des motifs brodés à part que l'on trouve tout faits chez les fabricants. Ces motifs sont brodés sur toile forte ; ils sont entourés d'une chaînette qui sert à dissimuler les points de couture servant à les fixer lorsqu'on les applique sur l'étoffe qui leur sert de fond. Cette petite chaînette entourant les motifs se nomme *pratique*. La broderie de rapport se fait en lame, en satin et en autres points. Elle a cet avantage qu'elle permet d'exécuter en peu de temps un travail qui demanderait quelquefois plusieurs mois si on devait le faire directement sur le fond.

La broderie en couchure se fait en gros fils d'or enroulés par un, deux ou trois ensemble sur une broche et que l'on coud à plat bien à côté les uns des autres, en autant de rangées qu'il faut pour couvrir la surface du dessin (fig. 77).

La plus grande difficulté à éviter dans la broderie en couchure, c'est de rendre les retours des rangées imperceptibles, surtout lorsqu'on travaille avec trois fils dans un objet qui s'élargit ou se rétrécit. Pour éviter cet inconvénient, il faut écarter un des brins d'or qui sont sur la broche ; on le fixe avec quelques points de soie vers le retour et on conserve ainsi le coulant du contour du dessin que les trois brins réunis interrompaient. Les points de soie qui arrêtent les fils d'or de la couchure sont très visibles ; on leur donne un sens régulier pour qu'ils forment des figures géométriques et la broderie prend le nom des formes qu'ils représentent : couchure en chevrons, en écailles, en losanges, en serpentins, etc., etc. Quelquefois on ajoute sur la couchure des ombres de soie, cela sert à dissimuler les retours et donne de beaux effets.

L'or frisé ne peut s'employer qu'en couchure : on fait en couchure des cercles de deux brins d'or, tournés en commençant par le centre et qui, juxtaposés les uns près des autres, forment des fonds magnifiques à cause des jeux de lumière qui scintillent au milieu des fils posés en différents sens. Ces fonds sont superbes, employés avec de grands dessins d'un beau mouvement en broderie nuancée. On fait aussi de ces fonds en perles d'or ou d'argent (fig. 78).

La broderie en gaufrure se fait en tendant de gros fils espacés à une certaine distance les uns des autres sur la partie destinée à être brodée en gaufrure. On arrête ces fils bien droits de façon à ce qu'ils ne puissent pas varier, ensuite on les recouvre en sens contraire de fils d'or roulés en deux brins sur la broche ; on coud ferme de deux en deux brins de fil d'un bout à l'autre de l'ouvrage, on revient et on fait quatre rangs de même, puis on recommence en alternant. Cela donne un travail imitant l'effet de la vannerie.

La broderie satinée ressemble à la gaufrure ; elle en diffère en ce qu'on alterne les points à chaque retour et que souvent l'on satine avec un seul brin d'or sur la broche.

La broderie en cannetille se fait en bourrant les motifs avec de la ficelle (ou sans bourrage quelquefois). Le bourrage préparé, on coupe des petits morceaux de cannetille correspondant à la largeur du dessin à broder, puis, avec une très fine aiguille enfilée de soie cirée, on traverse le petit tube de cannetille ; s'il a été bien coupé, il doit correspondre exactement à la place qui lui était destinée, alors on pique l'aiguille dans l'étoffe tout contre le bourrage, on tire le fil et la cannetille s'applique horizontalement en place ; on fait un deuxième tour à côté du premier et ainsi de suite (fig. 81).

Les perles et les paillettes d'or ou de métal s'emploient selon les indications que nous avons données à la leçon traitant de la broderie spéciale comportant cette ornementation.

DEVOIR DU DESSINATEUR

Le dessinateur fera une composition destinée à une bannière de société ou corporation, qui devra être brodée sur velours, en faisant usage de plusieurs points de broderie d'or.

DEVOIR DE LA BRODEUSE

La brodeuse s'exercera à faire des échantillons des divers points décrits dans la leçon.

SEPTIÈME LEÇON

Broderie en ruban, dite rococo. — Broderie en relief, en mousseline de soie.

La broderie faite en petits rubans de soie, figurant des fleurs, des feuillages, des nœuds, des ornements, semble avoir pris naissance sous le règne de Louis XV, alors que l'on se mit à traduire, avec l'aiguille comme avec le pinceau, des scènes mignardes et efféminées, quand ce n'était pas le triomphe de l'amour.

L'art de la broderie, si somptueux au siècle de Louis XIV, qui s'était déjà amoindri et rapetissé sous l'influence du régent, suivit le mouvement général ; les toilettes des femmes se couvrirent d'une surabondance de détails et d'effets en relief, compliqués, qui atteignirent même souvent les proportions les plus volumineuses.

Les costumes masculins furent ornés de fleurs délicates et charmantes traitées dans le même style, quoique avec des allures beaucoup plus raisonnables. Les broderies de petits rubans étroits, mariés à la cannetille, la chenille et aux effets de soie torse ou de soie plate à la chaînette et à la soutache, furent très à la mode. Tandis que le costume féminin employait les mêmes matières, en y ajoutant les fleurs en relief en mousseline de soie, qui furent d'abord importées de la Chine et vinrent ensuite de l'Italie.

Les broderies rococo sont d'une finesse de coloris et d'une grâce charmante. Les petits rubans qui les composent sont quelquefois de tons ombrés ou de plusieurs nuances dégradées, malgré leur étroitesse. Ces rubans minces, employés en traversant l'étoffe, comme pourraient le faire des brins de soie ou de laine, forment les pétales des fleurs ou des feuillages composés.

Ce genre de broderie pourrait bien avoir eu pour origine les travaux de couvent destinés, au début, à confectionner des reliquaires et qui comportaient déjà de longue date des papiers dorés, des rubans roulés en manière de filigranes et de minuscules fleurettes d'étoffes ornées de perles, travaillées avec une adresse extrême; heureusement, on conservait ces merveilles de patience sous verre, ce qui nous permet d'admirer les rares échantillons conservés par les amateurs.

Fig. 82. — Motif de broderie rococo ancienne.

Sous Louis XV, la broderie rococo affectait les formes à la mode, en rocailles composées de coquilles ou de conques agrémentées de frisures et d'ornements qui les reliaient en faux-aplomb avec des guirlandes ou des bouquets. Sous Louis XVI, on sentait le retour vers l'art antique se manifester et s'allier à la reproduction de fleurs très étudiées, de nœuds, de médaillons ornés de perles, d'attributs et de paniers suspendus par des flots de rubans noués, que nous recopions toujours avec plaisir tant ils sont jolis.

Fig. 83. — Roses en mousseline de soie pour garniture de robe (Moderne).

Les fleurs de mousseline de soie en relief ont orné les robes-fourreaux des élégantes du premier Empire, et la broderie rococo employée autrefois pour la toilette, est consacrée aujourd'hui à une multitude de travaux pour l'ameublement léger : écrans, paravents, coussins, etc., et aussi pour une quantité d'élégantes fantaisies, telles que : boîtes, couvertures de livres, cadres pour photographies, nécessaires et autres, exécutées sur de la moire ou du satin de couleur claire. Les rubans constituant la broderie de ces objets sont mélangés de fils d'or et de paillettes.

Les fleurs en relief en mousseline de soie disposées en guirlandes, en poufs, en arrêt de volants, en girandoles ou en choux, garnissent les robes de bal actuelles. Les abat-jour leur empruntent ces garnitures, de même que les sacs à bonbons.

On fabrique, actuellement, des fleurs de mousseline de soie en relief pour la grande couture, dans la Haute-Saône.

Dessin spécial à la broderie en rubans et à la broderie en mousseline de soie. — Ce genre de dessin implique l'obligation pour le dessinateur de connaître les matériaux qui seront employés pour faire la broderie qu'il aura à dessiner; car, dans la broderie rococo, chaque fleur étant faite de rubans qui forment les pétales aux points lancés et qui ont l'épaisseur d'un ou de deux rubans juxtaposés, il est indispensable de savoir quelle largeur donnera la fourniture dont la brodeuse doit faire usage. Il faut également combiner l'arrangement des fils d'or et de soie et de paillettes que l'on mélange presque toujours à ce genre de broderie, et grouper les fleurs et les ornements de façon à ne pas mettre des parties brodées en ruban trop entassées les unes près des autres, afin d'éviter qu'il en résulte un travail trop lourd.

On associe quelquefois à la broderie rococo des fleurs en mousseline de soie en complet relief, et on fait usage de cordonnets variés et de rubans de différentes largeurs pour différencier les effets.

Le dessin des broderies rococo se ponce comme tous les autres dessins avec cette seule réserve que si l'on indique des fleurs en mousseline de soie relief, on ne pique pas la forme de ces fleurs qui se fixent par des points sur l'étoffe de fond. Aux endroits que les fleurs doivent occuper on met un point ou un petit rond qui ne doit pas se voir, une fois la fleur fixée.

Pour les compositions à exécuter entièrement en mousseline de soie, le dessin sur papier doit être fait avec les ombres, de manière à pouvoir se rendre compte de l'effet qu'il produira ; mais au ponçage, on marque seulement les parties qui seront brodées à plat, et toutes les places à occuper par des reliefs sont seulement tracées par des points ou par des signes conventionnels sur lesquels la brodeuse viendra coudre les reliefs.

Matériaux employés dans la broderie en rubans et en mousseline de soie. — Les matériaux employés pour ce genre de broderie sont : 1° les petits rubans spéciaux à la broderie rococo ; 2° la soie à broder et la soie cordonnet ; 3° la mousseline de soie pour les reliefs ; 4° les perles de métal et les paillettes que l'on adjoint à la broderie, les fils d'or, la chenille, les ganses diverses.

Fig. 85. — Petit cadre brodé rococo et paillettes (Moderne).

Exécution de la broderie en rubans et de la broderie relief en mousseline de soie. — On brode avec les petits rubans spéciaux à ce genre de travail, comme on le ferait avec un brin de laine au point lancé. Certaines brodeuses préparent le trou où passera le ruban à l'aide d'un poinçon, afin de ne pas abîmer le ruban à son passage dans l'étoffe. On arrive au même résultat en employant, pour broder, une aiguille à tapisserie un peu grosse.

Lorsqu'on veut faire des retours pour former un pétale plus large, on enfile une aiguille ordinaire avec de la soie assortie au ton du ruban ; on la pique de l'envers à l'endroit, dans la partie de l'étoffe où se trouvera le sommet du pétale. Un fil à cheval fixe le ruban qui avait traversé l'étoffe à la base du pétale. On fait un retour de ruban sur lui-même et un point; le ruban traverse à nouveau l'étoffe à la base du pétale. La plupart des fleurs ou feuillages se font par simples points lancés de ruban, plus ou moins longs, selon l'aspect des fleurs ou des feuilles à représenter.

Les fleurs et feuillages en mousseline de soie en relief se font en fronçant des bandes de tissu redoublées et en tirant sur le fil pour former des sortes de roses, ou bien en travaillant des pétales arrondis, serrés à la base et toujours doubles que l'on monte comme des fleurs artificielles. On forme les feuilles en fronçant des ronds d'étoffe ou des demi-ronds qui, serrés du bas, donnent un peu l'aspect de feuilles. Ce genre étant purement de fantaisie, les ouvrières échantillonneuses doivent et peuvent créer des façons de travailler selon les nécessités de la mode, du moment, et la destination de l'objet qu'elles ont à décorer.

Les tiges, les feuillages délicats, les nœuds mêmes qui attachent les bouquets se font au point lancé et, quelquefois, au point de chaînette au crochet. Parfois on y adjoint aussi des paillettes que l'on fixe, au milieu, par une perle de métal cousue dans le trou de la paillette. Des croisillons de fil d'or, des effets de chenille cousue sur le fond viennent agrémenter ce travail.

DEVOIR DU DESSINATEUR

Le dessinateur composera un coussin en broderie en rubans rococo. — Une robe garnie de fleurs de mousseline de soie en relief.

DEVOIR DE LA BRODEUSE

La brodeuse fera un dessus de boîte en broderie rococo et un écran comportant de la broderie en rubans et des grosses fleurs en mousseline de soie en relief.

HUITIÈME LEÇON

Broderie mécanique.

Historique. — Certaines machines à broder, telles les couso-brodeurs, dérivent directement des machines à coudre. Elles sont basées sur le même principe de construction. Leur aspect général est semblable. Les machines couso-brodeurs sont, à quelque différence près, des machines à point de chaînette; elles sont presque aussi anciennes que les machines à coudre ordinaires.

C'est en 1804 que les premières machines à coudre ont été inaugurées, en France, par Thomas Stowe et James Henderson; elles ont été perfectionnées par Heilman, en 1834, et les premières machines à broder sont dues à Thimonnier et à Magnin; progressivement, elles ont été modifiées et ne se sont réellement affirmées qu'à la suite de la découverte de Bonaz. C'est en 1863 que Bonaz fit breveter son système de brodeuse; il l'exposa en 1867, mais c'est seulement en 1868 qu'il en fit une machine d'un fonctionnement pratique.

La machine couso-brodeur, faisant une simple couture à point de chaînette, ne pouvait produire qu'une broderie maigre et de peu d'aspect. On a cherché à lui donner des moyens d'ampleur et on y est arrivé à la broderie à deux fils d'abord, et ensuite par la découverte d'une modification de la machine précédente, on a pu employer trois fils, ce qui permet d'obtenir une broderie beaucoup plus volumineuse. Ce sont surtout les machines à deux et à trois fils qui ont donné, à ce genre de broderie mécanique, un essor tout à fait remarquable, parce que les effets très variés qu'elles produisent ont permis la création d'une infinité de modèles différents.

Cette invention de Bonaz a été extrêmement importante et son succès fut tel que ses machines ont été adoptées partout, aussi bien en France qu'à l'étranger. Elles ont transformé complètement l'industrie de la broderie.

Depuis lors, la machine Bonaz a été perfectionnée par M. E. Cornély, en ce sens qu'il y a ajouté des accessoires destinés à produire toute une série d'effets des plus variés, et actuellement la collection des machines couso-brodeurs Cornély permet une quantité de combinaisons par l'emploi des points produits par chaque machine spéciale ou même avec une seule machine pouvant faire plusieurs points.

Les principales machines à broder dont nous nous entretenons pour l'instant, sont :

Le couseur-brodeur simple, qui fait le point de chaînette ordinaire ;

Une machine pouvant faire en même temps plusieurs rangs de chaînettes ;

La machine festonneuse en zigzag ;

La machine festonneuse produisant le feston suisse pour rideaux ;

La machine à soutacher avec point de piqûre ou point de chaînette sur la soutache ;

La machine à deux et à trois fils, produisant tous les travaux de ganse, et enfin une machine à quatre fils, qui produit de très gros effets ;

Une machine qui fait le point de velours et une machine à perler et pailleter.

Les couso-brodeurs marchent au pied ou au moteur et exécutent la broderie pour laquelle on les a montés en suivant le dessin poncé sur l'étoffe. Ces machines travaillent avec une ou quelques aiguilles seulement et elles ne font qu'une broderie à la fois.

Le point de chaînette produit par les couso-brodeurs a le même aspect que celui fait à la main à l'aiguille ou au crochet au tambour (fig. 88).

La ganse deux fils a l'aspect d'un cordonnet rond qui serait cousu sur l'étoffe ; elle est obtenue par un fil qui s'enroule autour d'un point de chaînette. Ce dernier est complètement caché par le fil d'enroulement, et en dessous, on ne voit qu'un point de piqûre (fig. 89).

La ganse deux fils peut être faite en toutes grosseurs, selon que les fournitures employées sont plus ou moins fines.

La ganse trois fils est de même aspect que la précédente, mais en beaucoup plus gros. Elle est produite par un fil ou âme centrale sur laquelle vient s'enrouler un autre fil et par la chaînette qui fixe les deux premiers sur l'étoffe. La ganse trois fils comprend donc le fil central, le fil d'enroulement et la chaînette, d'où son nom de ganse trois fils (fig. 90).

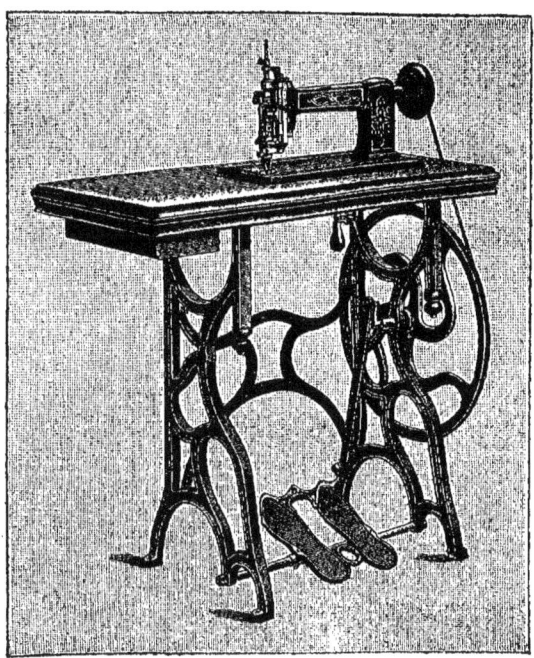

Fig. 86. — Machine couso-brodeur Cornély faisant le point de chaînette.

La chaînette, la ganse deux fils et la ganse trois fils sont commercialement les travaux les plus généralement en usage des machines couso-brodeurs.

La chaînette sert à broder les vêtements et l'ameublement. Il en est de même des ganses deux et trois fils qui sont employées tout autant pour le costume que pour le mobilier. Les applications de toutes sortes, en toile, drap, soie, velours, cuir, aussi que celles de mousseline sur le tulle, sont serties de chaînettes ou de ganses faites avec la machine couso-brodeur. D'innombrables mousselines brodées au point de chaînette ont mis à la portée de tous, il y a un demi-siècle environ, par leur énorme production et leur bon marché, la mode des rideaux brodés qui rappelaient les premiers travaux de ce genre faits au crochet à la main sur les fines mousselines de l'Inde et qui avaient eu une si grande vogue et atteint des prix élevés au XVIIIe siècle.

La mode des mousselines pour rideaux a été remplacée, depuis une vingtaine d'années, par celle des applications de mousseline ou de toile sur du tulle, lesquelles sont serties de chaînettes ou de ganses deux fils et sont employées pour les rideaux de vitrage, les grands rideaux, les stores, les brise-bise, et les garnitures de lit, dont l'usage s'est généralisé dans les plus vastes proportions à cause du bas prix de ces divers objets d'ameublement fabriqués dans la région de Tarare, dans celle du nord de la France et voire même à Paris.

Il existe une machine Cornély qui brode au passé; les machines à coudre ordinaires peuvent également broder au passé, montées de façon spéciale et conduites surtout par des ouvrières très expertes. En outre, il y a des machines à festonner de fabrication allemande ou autre. Ces machines ne produisent pas un feston *bouclé*, leur festonnage se termine sur une chaînette ou une piqûre, cela n'empêche pas le travail d'être régulier et solide.

D'après ce même principe, ces machines font des boutonnières. Il en est d'autres qui produisent des points à jours divers. Ces dernières différentes machines sont employées par les brodeurs et peuvent donc rentrer dans la catégorie des machines à broder, quoique leur construction ne permette généralement pas de suivre un dessin compliqué tracé sur l'étoffe.

M. Hurtu a exposé, en 1900, une machine à broder, dite *bras brodeur*, destinée à faire la broderie au passé et différents autres genres de points, entre autres le piquage des couvre-pieds.

Il y a quelques mois, au début de l'année 1906, M. Courteix inventa une machine qui porte son nom, de construction simple et très intéressante. Cette machine marche au pied ou au moteur, comme les couso-brodeurs, mais, par sa forme et sa construction, elle diffère absolument de ces dernières; elle permet de laisser toute latitude pour

Fig. 87. — Machine Cornély faisant la ganse deux fils et la ganse trois fils avec appareil à soutache.

broder de très grandes pièces, telles que des robes entières ou même des grandes tentures d'appartement, par ce fait que la pièce d'étoffe à broder ne doit pas bouger sous une aiguille fixe; c'est, au contraire, l'aiguille qui court sur le tissu et peut être conduite au gré de la brodeuse. La machine Courteix rappelle un peu la forme des machines à piquer les dessins en beaucoup plus grand. Comme dans ces dernières, l'aiguille est munie d'un guide qui aide à suivre les contours de la composition (fig. 91).

Cette machine exécute plusieurs sortes de points, principalement :
La broderie au passé,
La broderie au point de graine,
La broderie au point de pierre,
Les points à jours,
La tapisserie,
Les tapis moquette haute laine, etc.

Elle peut atteindre une vitesse d'exécution énorme. Elle fait de 350 à 1,000 points à la minute lorsqu'elle est lancée à grande allure, ce qui lui permet de fournir des travaux à des prix très réduits.

La broderie de la machine Courteix produit toujours une boucle en dessous du point quel qu'il soit. On fixe les broderies faites avec cette machine, soit en les encollant et les repassant par derrière, ou en entourant les points au passé que l'on veut rendre lavables, par un point de chaînette ou de ganse de machine Cornély, ce qui donne plus de solidité au travail.

Pour fabriquer des tapis à la machine Courteix on brode à l'envers au point de piqûre qui forme en dessous un point de boucle que l'on rase ensuite. Cette machine permet de faire du tapis moquette sans dessin spécial, sans mise en train de métier et avec une grande rapidité.

Dessin spécial à la broderie des machines couso-brodeurs Bonaz et Cornély. — Le dessin spécial à la broderie de ces machines est très important, car il nécessite, pour le moins, autant de compositions que celui des broderies à la main, et il se complique de connaissances nécessaires à permettre son exécution. Nous nous étendrons donc particulièrement sur les règles principales à observer dans le dessin des broderies mécaniques pour l'ameublement, qui sont si nombreu-

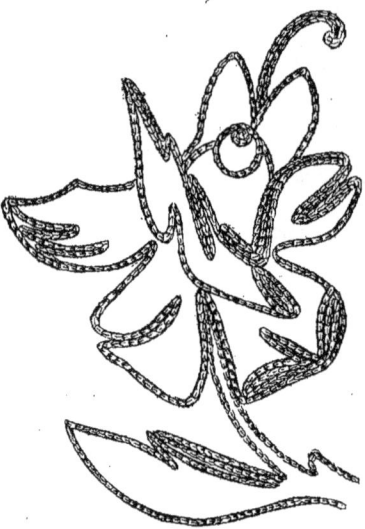

Fig. 88. — Fleur brodée en chaînette à la machine Cornély.

ses, et sur celles des broderies pour robes, confections, lingerie, etc., qui, suivant les années et la mode, nécessitent les compositions les plus variées.

Le dessin spécial pour les machines qui nous occupent présente de sérieuses difficultés ; quoiqu'il ne comporte pas de raccords imposés, il oblige à se conformer à des règles particulières qui le rendent souvent compliqué.

Les machines cousobrodeurs Bonaz et Cornély produisent toujours un travail à fil continu, c'est-à-dire que le dessin de ces broderies mécaniques doit permettre à l'ouvrière de commencer le travail par un bout et de le continuer sans couper, ni interrompre la chaînette ou la ganse, jusqu'à la fin du motif. Cette question de continuité du fil est grosse de difficultés pour ceux qui n'ont pas été rompus à ce genre par un sérieux apprentissage.

La nécessité de très bien dessiner et de connaître les styles des diverses époques s'impose à ceux qui s'adonnent au dessin des broderies mécaniques. Ces broderies, pour une grande quantité, servent à l'ameublement ; les compositions sont donc de vastes dimensions, et les rideaux, les portières, les tentures, les stores, étant toujours des objets destinés à être vus verticalement et de loin, doivent présenter des lignes pures, des compositions recherchées dans les styles appropriés aux pièces où ils doivent figurer, sinon ces compositions doivent être comprises de façon à s'adapter à tous les genres de décoration des appartements.

Le dessinateur doit connaître parfaitement les diverses exécutions

BRODERIE MÉCANIQUE 109

qui peuvent être produites par les machines en usage dans les fabriques pour lesquelles il travaille ; il doit tenir compte que le point de chaînette peut se croiser et passer l'un sur l'autre sans inconvénient, surtout s'il est fin, ce qui simplifie le dessin, mais il doit se souvenir que pour la ganse, en général, il faut éviter les croisements. Dans la ganse deux fils, si les fournitures sont très fines, il est admissible de croiser quelquefois, mais, pour la ganse trois fils, il est tout à fait impossible de croiser, à cause de son fort relief.

Le dessin de broderie mécanique au seul point de chaînette directement sur l'étoffe se fait peu actuellement, si ce n'est pour des objets très ordinaires et des plus bas prix. Le point de chaînette est, en revanche, très usité pour fixer les applications de mousseline ou de toile sur les fonds de tulle des stores et de divers rideaux. La quantité énorme de vitrages, stores et brise-bise qui se font en ce genre, nous commande de placer en première ligne les explications concernant le dessin et la composition de ces objets.

Fig. 89 — Galon brodé en ganse deux fils à la machine Cornély.

Le dessin destiné aux applications, lorsqu'il est appelé à faire l'ornementation des rideaux de vitrage, doit comporter de larges fleurs avec de grands ornements, dans lesquels il est utile de ménager des effets clairs en certaine quantité.

Les compositions des vitrages ne doivent pas être trop surchargées de dessins et le rideau sera entouré de festons ou de parties mates de mousseline sur trois côtés : en bas, à droite et à gauche ; le haut ne comporte pas de festons ou bordures, puisqu'il sera ourlé pour faire la tête, dans laquelle passera la tringle. En outre, le dessinateur doit toujours combiner ses effets de manière à amener, dans la partie du vitrage la plus en vue, le motif le plus intéressant, car le haut est toujours caché par les draperies des grands rideaux; à cause de cela, il doit être traité légèrement. Les bouquets se termineront par de fins branchages, des semés ou des fleurettes délicates. Vers le bas, au contraire, il convient de masser des ornements, de grands feuillages ou des rinceaux (fig. 93).

Si on compose des dessins de grands rideaux, tout l'intérêt de

Fig. 90. — Broderie pour ameublement brodé en trois fils à la machine Cornély.

l'application doit se porter sur la partie formant bande à droite et à gauche de la fenêtre; le côté extérieur du rideau, nous voulons dire celui posé du côté de la chambre, sera très peu chargé en raison du pli que formera la monture. La bande du dessin doit avoir la même largeur et la même importance dans toute la hauteur, le coin du bas sera très garni avec un beau retour formant une base. Des semés légers de bouquets peuvent être brodés sur la partie du rideau qui est tournée vers le mur de la pièce.

Le dessinateur fera des dessins spéciaux pour les embrasses, rappelant le décor des rideaux. Lorsqu'il s'agit d'une chambre à coucher, on assortit quelquefois la garniture du lit aux grands rideaux de fenêtre ; dans ce cas, si le lit est disposé à tête, il faut composer *un fond* qui doit toujours comporter au milieu, au-dessus de la tête du lit, un motif

Fig. 91. — Machine Courteix. L'ouvrière travaillant une broderie au passé.

important; le haut et le bas seront moins garnis, mais une belle bordure doit entourer la *tenture* qui sera posée à plat ou très légèrement flottante. Les rideaux de lit se dessinent à bordure extérieure, comme ceux des fenêtres.

Les dessus de lit ou *jetés de lit* comportent également une large bordure d'ornementation faisant tout le tour avec motif ou médaillon qui doit occuper le milieu, à moins qu'on ne choisisse une décoration de bandes posées en travers ou en long, ce qui se fait aussi.

Le dessin des stores en application doit présenter l'aspect d'une grille, c'est-à-dire que toutes les parties du dessin doivent se tenir par des points de contact. Pour les stores, le dessin est tout entier disposé dans le bas; souvent ils comportent d'abord une partie formant dentelle ou volant sur les côtés, ou bien une disposition droite; quoi qu'il en soit, la partie brodée ne doit pas monter très haut; les stores étant destinés à être souvent roulés sur une portion de leur hauteur, la broderie ne se verrait pas, en plus elle gênerait, par son épaisseur, pour faire manœuvrer le système de rouleau destiné à les remonter et à les descendre.

Le haut des stores est toujours soit en étoffe unie, soit orné seulement de dessins formant des rayures, des jours, des entre-deux légers sans importance. Contrairement à celui des stores, le dessin des brise-bise est composé de façon à ce que tout l'intérêt se trouve vers le haut de l'objet; cette partie, étant celle qui se voit le plus, doit être la plus garnie. Dans quelques cas faisant plutôt exception, les brise-bise sont entièrement couverts de broderie; rarement leur motif principal est en bas. Il arrive assez souvent que l'on fasse des dessins de brise-bise formant la paire et présentant le même dessin tourné mi à droite mi à gauche. Le dessin des brise-bise doit comporter des arrangements permettant de poser cinq ou sept anneaux régulièrement espacés au sommet et destinés à recevoir la petite tringle dorée qui les attache à la fenêtre. En résumé, l'ornementation de ces petits rideaux varie suivant le goût du moment; c'est au dessinateur de s'y conformer.

La mode des stores paraît avoir été apportée de la Belgique en France; celle des brise-bise devait naître forcément de la nécessité de garnir le bas des fenêtres que le store (qui n'a que 1 m. 50 c. à 1 m. 90 c. de haut) laissait vide. Dans les anciennes constructions, les fenêtres ouvraient beaucoup au-dessus du sol. En Belgique, il est d'usage de garnir le bas des fenêtres de fleurs ou de plantes vivantes, disposées sur une tablette dans l'intérieur de la pièce ; les stores descendant jusqu'à la hauteur de ces plantes, la fenêtre se trouve garnie entièrement, mais les maisons et les habitudes modernes ont amené les habitants à chercher d'autres combinaisons : ce fut celle des petits rideaux nommés brise-bise qui prévalut. Presque toutes les fenêtres sont garnies de stores et de brise-bise qui nécessitent un nombre de dessins considérables, c'est pourquoi nous sommes entrés dans des explications détaillées à cet égard. La mode des stores et des brise-bise avait été précédée de celle des grands rideaux de vitrage très larges, faits en mousseline ou en tulle brodé, et qui tombaient entre les grands rideaux de laine ou de soie. On les drapait *en dessous* de ces derniers pour l'ornementation des fenêtres qui, pendant longtemps, a été lourde, entassée, obscurcissante. Le dessin de ces grands rideaux de mousseline était fait de sujets de milieu entourés de larges bordures. Le goût actuel est différent, il permet ou commande aux dessinateurs des compositions ornementales riches, garnissant bien, puisqu'elles ne seront pas déformées comme autrefois par les plis, les vitrages, stores et brise-bise étant posés à plat, et tous les autres genres de rideaux peu drapés en général.

En dehors de la broderie mécanique appliquée aux rideaux blancs, il y a celle pratiquée sur les rideaux, portières, tentures murales, meubles, coussins, cantonnières, garnitures de lit, etc., etc., en couleurs et fabriqués en soie, en velours, en peluche, en drap, en toiles diverses et même en cuir. On brode simplement en chaînette ou en ganse deux fils ou trois fils sur les objets que nous venons d'énumérer ; le dessin doit être combiné selon les objets auxquels il est destiné.

Les rideaux d'étoffe épaisse, aussi bien que ceux de tulle ou de mousseline brodée, comporteront de larges bandes qui pourront être faites en tons variés ou en camaïeu. Ces bandes tourneront d'un seul côté, un beau coin garnira le bas et se terminera en motif élégant.

Les ornements ou les fleurs destinés à être brodés sur les rideaux ne seront ni trop grands, ce qui écrase la composition, ni trop petits, ce qui ne garnit pas et revient trop cher.

Les rideaux et les portières doivent être à la fois légers et bien ornés. Le dessinateur observera de couper le moins possible les rangs de chaînettes ou de ganses remplissant les parties pleines du dessin et qui sont travaillées toujours en tournant pour former un plein.

Les portières comportent souvent en plus des bandes qui les ornent, des semés de grosses fleurs ou des motifs d'ornement sur toute leur surface.

Les tentures murales à la mode actuelle comportent des dessins de frises hautes, posées vers le plafond ou sur la partie supérieure des boiseries de parquet, qui sont généralement élevées. Les dessins des frises et des tentures murales sont souvent du genre dit art moderne ; ils doivent être calculés selon la hauteur des pièces à décorer. Pour le haut, des plantes tombantes sont d'un bon effet, de larges enroulements, des scènes à personnages, des animaux, etc. Pour le bas, les frises auront avantage à être composées d'ornements courants librement ; de plantes droites présentées comme si elles poussaient du sol ; de stylisations diverses, de personnages ou d'animaux se suivant, etc. Des semés assez volumineux peuvent être employés entre les frises, mais le dessin en sera sobre et espacé pour ne pas nuire à l'effet qui

Fig. 93. — Vitrage en application de mousseline sur tulle brodé au point de chaînette à la machine couso-brodeur Cornély.

II. P

doit rester plus important dans les bordures. On fait très rarement en broderie mécanique à la chaînette ou à la ganse des sujets garnissant toutes les surfaces murales. Ces genres de broderies sont réservés à des travaux à la main, à des tapisseries ou à des broderies en applications.

Les cantonnières sont des garnitures de baies comportant deux parties droites verticales nommées *pentes*, qui se posent de chaque côté de la fenêtre ou de la porte, et d'une partie horizontale pour le haut, nommée *bandeau*.

Le dessinateur appelé à composer le dessin d'une cantonnière se préoccupera de la recherche de deux bandes montantes avec un petit retour en bas. Ces bandes seront du même dessin retourné, pour se faire face de droite et de gauche. Il observera que son dessin ne doit pas monter jusqu'en haut des pentes, dont une partie sera recouverte par le *bandeau* qui les traverse horizontalement.

Le dessin du bandeau comporte quelquefois un motif de milieu important, allant en diminuant vers les bouts. Le dessin ne doit pas couvrir toute l'étoffe du bandeau, il faut laisser sur les côtés l'espace des retours nécessaires à former l'avancée dans la pièce de la garniture, de façon à pouvoir ouvrir la fenêtre sans difficulté.

Les dessins spéciaux aux garnitures de lit sont appropriés aux styles de l'ameublement, dont le dessinateur doit tenir compte en y appliquant les règles dont nous venons de parler pour les portières et les rideaux.

Les tapis de table comportent des bordures, des coins très ornés remontants et rarement un motif de milieu.

Les dessus de piano ont un entourage de trois côtés seulement, avec motifs plus importants dans les coins et au milieu, ou souvent un jeté de fleurs d'un seul côté, posé en biais de l'objet.

Les coussins se couvrent de broderie sur une grandeur de 35 à 40 centimètres carrés pour la moyenne ordinaire. Pour ces objets de fantaisie, toute latitude est laissée au compositeur qui peut les orner en bordures formant carré, avec un motif au milieu, ou y dessiner des bouquets de biais, de milieu, répétés, des semés, mêler les ornements aux fleurs, mettre des scènes à personnages en observant toujours, cependant, d'éviter la lourdeur, l'entassement, et en se souvenant que les dessins de composition libre, peu chargés, seront ceux qui donneront le meilleur effet.

Pour les fauteuils, chaises, canapés, etc., les dessins de broderie doivent s'adapter aux formes des sièges et des dossiers et se conformer au style des fûts auxquels ils doivent s'unir; ils doivent être appropriés à l'étoffe sur laquelle la broderie sera faite. Il convient de réfléchir en élaborant ces compositions, que les broderies des sièges surtout doivent être solides et que des dessins trop légers ou trop tenus ne le seraient pas. Les gros reliefs doivent être évités aussi sur les sièges, ainsi que les ganses épaisses qui font, au contraire, très bon effet dans les tentures, les grands rideaux, les portières, les frises murales.

Les broderies en application à la mécanique sont largement employées dans l'ameublement. On applique drap

Fig. 94. — Motif de broderie pour robe en gauze deux fils.

sur drap, drap sur feutre, velours sur satin, cuir sur drap, etc., etc. Le dessinateur chargé d'une composition destinée à la broderie en application mécanique ne peut pas la faire comme celle destinée à une broderie en application à la main, car le procédé de l'exécution est tout différent. Dans les broderies mécaniques, l'application est presque toujours constituée par une seule étoffe de couleur unie appliquée sur une étoffe différente. Par exemple, on fera toute une application de drap vieil or sur drap bleu ou sur drap rouge. Le dessin tire toute sa beauté de la découpure de sa silhouette et de sa forme même. Les effets heureux de tons différents et d'étoffes variées n'existant pas dans ce genre, le dessin doit être particulièrement pur et bien se tenir dans tout son ensemble. L'application mécanique peut être accompagnée de broderies légères faites à même l'étoffe du fond pour rendre la composition plus agréable, ce qui permet au dessinateur de ne pas rester enfermé dans la sécheresse ou la lourdeur des découpures de l'étoffe appliquée qui n'autorisent pas les finesses, mais on les obtient par des effets de broderies en chaînettes qui peuvent être mariés à des ganses et fournir de très jolis résultats.

Toutes les observations que nous avons exposées quant au dessin des broderies mécaniques à même l'étoffe, peuvent servir pour celles qui se font avec des découpures fixées sur un fond. La place occupée par la décoration, la forme qu'elle doit garder, est toujours la même, les applications sont seulement soumises à l'obligation de bien se tenir sans présenter l'aspect de motifs éparpillés au hasard ; la continuité et l'ensemble sont les qualités primordiales de la broderie en application mécanique.

Les broderies mécaniques, comme nous l'avons déjà dit, sont employées pour les robes et les confections. On a fait, ces dernières années, un très grand nombre de robes en application sur tulle par le même principe que les rideaux. Beaucoup de manteaux étaient ornés également de broderies mécaniques ou en applications d'étoffe sur taffetas, sur tulle divers, ou découpées simplement à jour et posées sur transparent (fig. 94 et 95). Collets de jour ou du soir étaient brodés ainsi et leur composition recherchée dans l'art moderne ou la fantaisie et aussi des gilets de soie brodés en ganse ou en chaînette qui ont été si à la mode. Les vêtements soutachés étaient aussi travaillés à la machine à broder. Le dessin des soutaches et des perles ou paillettes dosées à la machine doivent tous avoir la même qualité indispensable : la continuité dans les motifs.

Ne pas couper ou couper le moins possible, c'est là ce qui doit être la règle absolue du dessinateur composant un dessin de broderie mécanique quelle qu'elle soit dans les différents genres qui font l'objet de cette leçon. Pour la machine Courteix, il n'y a pas à se préoccuper d'un dessin spécial ; elle peut reproduire tous les dessins exactement comme le travail à la main.

Matériaux employés dans la broderie mécanique. — La broderie mécanique emploie pour la chaînette et les ganses des soies cordonnet de toutes grosseurs, des cotons blancs et de couleur, des fils d'or ou d'autres métaux, des mèches en coton pour la ganse, des fils de lin, de la laine, etc. Les soutaches, les paillettes, les perles, la paille même au besoin, car les machines brodent en toutes façons des étoffes les plus variées pour les applications, tous les tulles, ainsi que le cuir.

Il ne nous est pas possible d'entrer très avant dans la description de la manière de travailler avec les machines à broder; leur maniement nécessite un apprentissage, une initiation spéciale du méca-

Fig. 95. — Collet pour manteau du soir brodé à la machine Cornély.
(Application de soie sur tulle.)

nisme de plus en plus perfectionné, les explications suffisantes ne peuvent être données que par les fabricants de ces machines ou par les personnes ayant une grande habitude de s'en servir.

Les machines à broder ont à peu près le même aspect extérieur que les machines à coudre; elles comportent une petite table et marchent au pied. Dans les fabriques importantes, on les actionne par la vapeur ou l'électricité, pour éviter le mouvement des pédales à l'ouvrière brodeuse, mouvement assez dur et plus fatigant que celui des machines à coudre. Le mécanisme des machines à broder est compliqué, ce qui n'est pas étonnant, vu les genres divers de travaux qu'elles peuvent exécuter selon qu'on modifie le montage de leur mise en marche. Il est assez difficile de savoir s'en servir au début, parce qu'elles comportent un mouvement de conduite du travail s'opérant par dessous la table de la machine, auquel il faut se rompre pour arriver à travailler rapidement. Certaines mécaniciennes brodent avec une dextérité surprenante. Les échantillonneuses habiles marient les chaînettes et les ganses et obtiennent les plus ravissants aspects.

Lorsqu'on travaille les applications, on doit toujours poser les deux étoffes l'une sur l'autre, c'est-à-dire que si on fait une application de mousseline sur tulle, par exemple, on devra poncer le dessin sur la mousseline, puis poser cette mousseline sur un morceau de tulle aussi grand que la mousseline dessinée. Toute la broderie se fait sur les deux étoffes en les prenant ensemble et en suivant le dessin, en évitant de couper et de reprendre, ce qui perd du temps et enlève de la solidité à l'ouvrage. On doit, pour bien faire, commencer la broderie par un bout et suivre en tournant, retournant et doublant dans les parties voulues pour arriver à la fin désirée.

La broderie terminée, on découpe très soigneusement la mousseline autour des dessins pour que l'application reste seule sur le tulle. C'est un travail délicat, les coups de ciseaux dans le tulle nécessitant des raccommodages très fâcheux.

Pour les cuirs ou les draps très épais ne s'effilant pas, on découpe quelquefois les applications à l'avance; dans ce cas, elles sont *guttées*, c'est-à-dire encollées de façon à être maintenues rigides.

Les applications sont serties de chaînettes pour les rideaux de vitrage.

Les dessins des stores et les brise-bise sont sertis de chaînettes ou de ganses; quelquefois, les ornements ne sont pas appliqués sur tulle ou sur une étoffe différente et sont reliés entre eux par des barettes que l'on découpe à vide et qui imitent à peu près le fond des broderies Colbert. En somme, les manières de faire les broderies à la machine couso-brodeur sont des plus variées.

En formant des rangées de ganses, on obtient des mats. On suit quelquefois les grosses ganses avec des points de chaînette tournant régulièrement sur eux-mêmes et produisant des picots qui sont de charmants ornements.

Les machines à festonner, à faire les jours aussi bien que celles qui brodent au passé, nécessitent un apprentissage fait sous la direction de spécialistes ou de maîtresses ouvrières. On comprend facilement qu'il ne nous est pas possible de donner ici les explications nécessaires pour enseigner le fonctionnement des diverses machines.

La machine Courteix ne réclame pas un long apprentissage ; son maniement est relativement très facile, cependant il est indispensable d'être mis au courant de son fonctionnement par une professionnelle pour bien connaître toutes les ressources que l'on peut tirer de ses diverses sortes d'exécution.

DEVOIR DU DESSINATEUR

Le dessinateur fera les dessins d'un brise-bise en linon appliqué sur tulle, serti de chaînette et d'une cantonnière en application de drap sur drap sertie de ganse deux fils.

DEVOIR DE LA BRODEUSE

La brodeuse s'exercera à faire la chaînette, la ganse deux fils et trois fils dans divers échantillons des usages de ces points.

NEUVIÈME LEÇON

(Voir les planches hors texte pages 41 et 59.)

Les métiers suisses. — Métiers à bras. — Métiers Schiffli.

Historique. — Nous avons parlé à la 28° leçon de la broderie mécanique obtenue par des machines qui ne peuvent broder qu'un seul objet à la fois; nous nous entretiendrons maintenant des métiers qui exécutent d'un seul coup la même broderie répétée en un grand nombre d'exemplaires.

Le premier métier à broder a été inventé, dit-on, en 1821 par un mécanicien français dont on n'a pas conservé le nom. Ce métier était de petite dimension et destiné à exécuter une rangée de fleurs ou d'ornements dans une étoffe au moyen d'aiguilles horizontales; il était surtout destiné à produire de la broderie blanche.

José Heilmann, de Mulhouse, exposa pour la première fois, à Paris, en 1834, un métier à broder faisant marcher cent trente aiguilles brodeuses sous la direction d'une seule personne.

En 1857, un Français, nommé Laloir, fabriqua un métier assez rudimentaire ne présentant qu'une invention pratiquement peu utilisable mais pouvant broder quand même, et suffisante pour faire pressentir divers perfectionnements qui ne tardèrent pas à y être apportés. Depuis lors, on a fabriqué différentes espèces de métiers à broder dits : *métiers suisses*.

Les premiers perfectionnements ont livré à l'industrie les métiers mus par l'ouvrier brodeur lui-même et dits : « métiers à bras ». Ces métiers sont généralement d'une longueur de 4^m,80 environ, et on ne saurait mieux expliquer leur aspect qu'en les comparant à des doigts de fer qui exécuteraient une broderie au passé; avec cette différence

Fig. 96. — Métier à bras (L'ouvrière câbleuse et l'ouvrier brodeur travaillant au pantographe).

que, lorsqu'on brode au passé à la main, le tissu est placé horizontalement et que la broderie s'exécute à plat, tandis que dans le métier suisse, le tissu est placé verticalement, et que le travail de la broderie s'exécute dans le même sens, en commençant par le haut et allant en descendant.

Après les métiers suisses à bras, on a inventé les perfectionnements de ces mêmes métiers marchant à la vapeur, désignés sous le nom de métiers Schiffli ou métiers à fil continu.

L'avantage des métiers à vapeur est la rapidité du travail, mais les métiers à bras gardent celui de produire une broderie que l'on pourrait qualifier de broderie à la main, puisque c'est un homme qui fait mouvoir ensemble plusieurs centaines d'aiguilles et qui, au lieu de faire un point à la fois, en fait 120 ou 130, selon le nombre d'aiguilles montées sur son métier.

Les métiers à vapeur sont plus réellement appelés à fournir une broderie mécanique dans toute l'acception du mot, tant par leur production rapide que par la grande quantité de broderies du même dessin qu'ils fournissent au fabricant.

Description du métier à bras (fig. 96). — Le métier à bras fait manœuvrer 120 à 210 aiguilles ou même plus, distantes les unes des autres de 4 centimètres et enfilées par le milieu. Ces aiguilles passent et repassent dans l'étoffe à broder tendue verticalement sur un châssis mobile qui présente l'étoffe devant les aiguilles. Des chariots garnis de pinces saisissent les aiguilles à mesure qu'elles ont traversé l'étoffe, et font le même travail que feraient les mains d'une brodeuse au métier à barres qui, dans la broderie au passé, se passent et se repassent l'aiguille d'une main à l'autre, de haut en bas et de bas en haut à travers l'étoffe.

Les barres qui soutiennent le tissu à broder dans la machine correspondent au compas d'un pantographe que l'ouvrier fait varier à chaque point, selon les lignes qu'il suit avec la pointe sur un dessin placé devant lui. Ce dessin, nommé : *mise en carte*, est l'agrandissement tracé à l'encre sur carton de la composition destinée à être brodée. Les mouvements du pantographe déplacent l'étoffe tendue dans la direction et la proportion nécessaire pour former le dessin.

Toutes les fois qu'une hauteur de broderie de 30 centimètres est terminée, l'ouvrier doit déplacer le tissu, le rouler à la main sur un rouleau spécial placé en haut du métier et tendre une nouvelle bande de tissu.

Pour mettre le métier en mouvement, le brodeur qui est assis du côté gauche se sert de deux pédales qui font mouvoir les chariots et avancer et reculer les aiguilles. Le mouvement des chariots qui glissent sur rails au moyen de roues de fer est obtenu par le mouvement des pieds du brodeur, tandis que le mouvement du châssis qui présente l'étoffe devant les aiguilles à l'endroit voulu est obtenu par la main de l'ouvrier brodeur qui manie le pantographe, actionnant à son tour les mouvements de l'étoffe à broder.

Une ouvrière attentive surveille les fils des aiguilles tout le long du métier; lorsqu'un fil se casse, elle prévient le brodeur qui arrête immédiatement son travail et elle renfile l'aiguille pour continuer. Le rôle de cette ouvrière enfileuse est très important, car si le métier continuait à broder ayant des fils cassés, le travail présenterait des défauts aux endroits où l'aiguille fonctionnait sans fil.

Pour fournir un travail plus rapide et en plus grande quantité, on peut monter les métiers à bras à double étage, c'est-à-dire de façon à exécuter la même broderie avec deux rangs d'étoffe superposés.

En dehors des grands métiers à bras, il existe des petits métiers du même genre qui n'ont que 15, 30 ou 40 aiguilles, et qui servent pour de petites broderies ou pour des échantillonnages. Il est de ces petits métiers qui ne tiennent pas beaucoup plus de place qu'une machine à coudre.

Machine à enfiler les aiguilles. — Au début, on enfilait à la main les aiguilles du métier à bras; c'était un travail long et coûteux qui est avantageusement remplacé par une nouvelle machine des plus ingénieuses. Procédant toujours du même principe de mains et de doigts de fer, cette machine prend délicatement une aiguille à la fois dans un petit récipient où on en dépose un certain nombre; à l'aide d'une pince, elle présente l'aiguille à une autre pince qui l'enfile, la saisit et la porte, après avoir coupé le fil à la longueur voulue, sur une pelote où elle la pique et l'enfonce de façon qu'il n'y ait plus qu'à la prendre là pour la mettre à sa place sur la longue barre du métier où elle ravaillera.

Fig. 97. — Métier à vapeur Schiffli.

Travail du métier à bras. — Le métier à bras est le meilleur pour les broderies en couleur imitant le passé; les broderies anglaises ou au plumetis s'y exécutent également bien. Il s'emploie pour les broderies dont on ne fait pas des métrages énormes; pour ces dernières, le métier à fil continu est préférable à cause de sa plus grande rapidité. Le travail du métier à bras est plus soigné; il peut faire le passé et toute broderie sans envers, en raison de la disposition de ses aiguilles, ce que ne peut pas faire le métier à fil continu à la vapeur, en raison également de la disposition de ses aiguilles.

Le Métier à fil continu à vapeur Schiffli. — A été inventé par Groëbli de Winthertur et perfectionné par Schiffli dont il porte le nom (fig. 97). Le métier à fil continu quoique ayant beaucoup d'analogie avec le métier à bras, en diffère en ce sens qu'il emploie des aiguilles ordinaires enfilées par un chas percé à leur extrémité et non au milieu. Les aiguilles traversent l'étoffe et font le point à l'aide d'une navette analogue à celle des machines à coudre, placée de l'autre côté de l'étoffe, et qui produit une torsion de fil du genre de la chaînette. Les métiers à vapeur n'ont pas de chariot, en raison de la disposition des aiguilles et de la navette qui en suppriment la nécessité. Le fil n'est pas coupé comme dans les métiers à bras, il se déroule de bobines placées devant le métier, à proximité des aiguilles. De là est venu le nom : métier à fil continu. Ce métier, à cause de la navette, ne peut faire, comme le précédent, un travail sans envers.

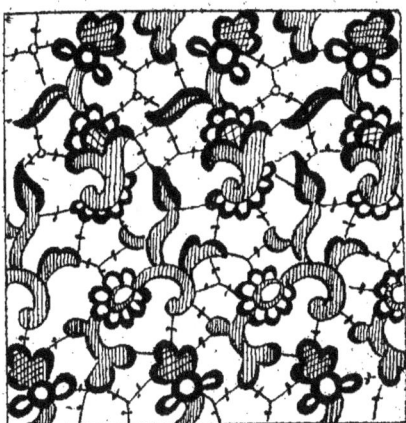

Fig. 98. — Esquisse pour une laize au raccord en quatre quarts.

Le métier à fil continu doit faire vingt mille points par jour pour être d'un bon rapport. On construit des métiers à fil continu à vapeur ayant d'immenses proportions; en général, ils sont plus grands que les métiers à bras, mais quand ils dépassent certaines dimensions, leur production devient de qualité inférieure, parce que tendues sur une trop grande surface, les étoffes se tiraillent, ce qui empêche les points de broderie d'être réguliers. Les métiers à fil continu sont munis d'un pantographe comme les métiers à bras, mais le maniement en est beaucoup plus difficile, car l'ouvrier brodeur doit régler la vitesse de ses mouvements sur celle de la machine à vapeur.

On fait actuellement en Saxe des métiers à fil continu qui atteignent 13 mètres de longueur sur 3 de hauteur. Ces métiers ont une grande production : 120 points à la minute en vitesse normale et davantage au besoin. Le pantographe de ces longues machines se manie aussi facilement que celui des plus courts métiers, et ils brodent sur trois étages, ce qui permet d'obtenir en triple expédition un travail semblable. Ils sont pourvus de mécanismes pour le réglage des fils, de systèmes spéciaux pour balancer le cadre à broder, et d'un système empêchant le déplacement des points; ils ont un appareil à percer actionné automatiquement, ce qui supprime ou réduit le travail du brodeur, quant au perçage qu'il était obligé de faire à la main dans les anciens métiers.

Ces métiers à fil continu sont ceux employés à Plauën. Un seul pantographe peut actionner plusieurs métiers et, par ce moyen, on exécute un nombre de mètres de broderie semblable énorme et à des conditions de très grand bon marché, mais de qualité ordinaire.

On vient d'inventer en Amérique un métier à fil continu encore plus grand et qui supprime l'ouvrier chargé de diriger le pantographe par un mécanisme particulier monté sur rouleau ; le métier marche seul et le travail se fait sans la nécessité d'un homme pour le guider ; cette invention est encore très incomplète, et la broderie qu'il fabrique n'est pas de belle ni de bonne qualité. Il faudrait aussi que le fabricant eût d'énormes quantités de marchandises du même dessin à produire pour y trouver un avantage, car il est long et difficile d'opérer le montage de ce métier.

Tous les métiers à fil continu nécessitent un ouvrier *fileur* qui va et vient sans cesse sur la plate-forme et surveille les fils qui se cassent.

Quand un fil casse, l'ouvrier fileur actionne une sonnerie qui avertit l'ouvrier brodeur; ce dernier est à portée d'un système qui lui permet d'arrêter son métier sans que les autres métiers de l'usine soient empêchés de marcher, et, lorsque l'aiguille est renfilée, il se remet en train.

Travaux exécutés par les métiers suisses. — Les métiers à bras et à fil continu exécutent le passé en soie, en laine, et toutes broderies en coton et même en fil de divers métaux, or, argent, etc. Ils font des broderies sur tulle et, enfin, les métiers à fil continu fabriquent toutes les broderies et les dentelles qui s'exécutent sur fond de *tissus chimiques*.

FIG. 100. — Esquisse pour une guipure brodée au raccord en six quarts.

Description des tissus chimiques. — Les dentelles imitation des guipures de Venise, d'Irlande et autres sont faites au métier suisse et brodées sur une étoffe ayant subi une préparation chimique qui permet de la détruire en la brûlant sans attaquer la broderie autour de laquelle elle ne laisse aucune trace.

On emploie une étoffe de soie ou de laine pour broder les dentelles de coton et une étoffe de coton pour broder les dentelles de soie ou de laine pour que la préparation chimique détruise dans le premier cas la matière animale et ne laisse subsister que la matière végétale et produise l'effet inverse dans le deuxième cas.

Les étoffes de soie, de coton ou de laine destinées à recevoir les broderies des dentelles sont plongées dans des bains de macération

Fig. 101. — Réduction d'un motif pour grand raccord recousu.

spécialement préparés, où elles restent quelquefois deux ou trois jours, puis elles sont séchées, placées sur les métiers, brodées, après quoi elles subissent le brûlage des fonds dans des fours spéciaux.

Brûlage des fonds chimiques. — Le brûlage ou destruction des fonds se fait dans un four construit à cet effet, et dans lequel les étoffes chimiquées et brodées sont soumises à une température de 120 à 150 degrés qui brûle ces étoffes et ne laisse subsister que la broderie. Lorsqu'on retire du four les broderies devenues des guipures, puisqu'elles n'ont plus de fond, on les bat, on les frotte à l'aide de brosses de crin afin d'enlever tous les détritus provenant du brûlage qui restent encore attachés après elles. On procède ensuite au raccommodage à la main des parties détériorées, à l'apprêt final et au pliage. (Voir page hors texte, page 59.)

On obtient par le même procédé de brûlage des broderies découpées servant aux applications pour le costume, des espèces de passementeries et des fantaisies de toutes sortes.

Les broderies sur tulle fin sont faites sur tissu chimique; on met, dans ce cas, une *doublure* de ce tissu au tulle à broder pour soutenir les points pendant l'exécution et éviter de déchirer le fond trop léger que présente le tulle pour supporter seul la tension des métiers. (Voir planche hors texte, page 41.)

Les procédés des tissus chimiques, non prévus au tarif des douanes en 1892, ont placé à un certain moment l'administration dans l'embarras par rapport à l'application des taxes; leur situation fut régularisée plus tard.

Actuellement, la Suisse, à Saint-Gall, et la Saxe, à Plauën, ont accaparé la fabrication des broderies aux métiers suisses. On avait voulu, au début de ce genre de fabrication, protéger spécialement les brodeurs français qui, malheureusement, ne répondirent par aucun progrès, ni aucune initiative à cette invitation. Alors, à Saint-Gall et

LES MÉTIERS SUISSES

à Plauën, qui étaient déjà admirablement outillés, on se mit à fabriquer des copies textuelles d'anciennes dentelles à la main à des prix laissant une large marge aux bénéfices, et les négociants parisiens lancèrent les dentelles mécaniques de Suisse et de Saxe : les modèles de la grande couture garnis de dentelles et de broderies mécaniques de Saint-Gall et de Plauën furent vendus au monde entier. La région de Saint-Quentin, où il y a beaucoup de métiers suisses, aurait pu entraver l'essor des fabrications de Saxe et de Suisse, mais il aurait fallu y introduire des machines nouvelles et élever considérablement le niveau de la production au lieu de l'abaisser.

On a bien essayé de copier Plauën dans la région de Saint-Quentin, mais on ne l'a fait que pour des tulles brodés à bas prix, et on n'a rien tenté pour la fabrication des articles riches.

L'outillage perfectionné de Plauën et de Saint-Gall fait de ces deux cités industrielles des concurrents redoutables ; elles possèdent des chefs de maisons intelligents et hardis, des dessinateurs-artistes, formés dans des écoles spéciales, des ouvriers habiles entre lesquels il existe une entente parfaite. Les machines et les procédés de brûlage ont été améliorés par une longue expérience ; enfin, les salaires, moins élevés que ceux de France, tout contribue à rendre difficultueuse la lutte à entreprendre aujourd'hui avec eux.

Il serait à désirer que Saint-Quentin devînt le Saint-Gall français, mais c'est douteux.

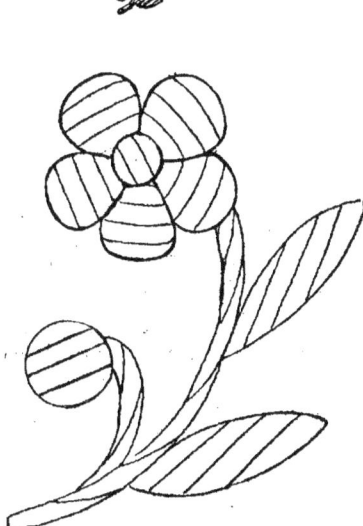

Fig. 102. — Fleur grandeur naturelle et fleur agrandie six fois pour la mise en carte

Dessin spécial du métier suisse. — Le dessin spécial du métier suisse est peu connu, et cependant il est régi par des lois dont on ne peut s'écarter. Le dessinateur *compositeur* est le premier qui doit donner son travail, puis vient le metteur en carte qui devra adapter l'œuvre du compositeur aux conditions exigées par la fabrication. Le compositeur doit posséder les connaissances suivantes : savoir que les aiguilles des métiers suisses sont distantes chacune de 4 centimètres ; il faudra donc que les raccords du dessin permettent de le faire rentrer entre 4 centimètres ou travailler en sautant des aiguilles dans les proportions suivantes et selon les termes indiqués ci-dessous :

On dit en fabrique, du travail à quatre quarts, soit 27 millimètres ou un pouce (fig. 98); en six quarts, soit 4 centimètres (fig. 100); en huit quarts, soit 54 millimètres; en douze quarts, soit 8 centimètres.

Le raccord peut aller plus loin, mais il devient trop cher. Le prix des broderies au métier suisse augmente en raison du plus ou du moins de grandeur du report du dessin sur le métier. Si le report est petit, le métier exécute un nombre de broderies considérable, car toutes les aiguilles travaillent, au lieu que si le report est grand, il faut supprimer des aiguilles, ce qui est une perte pour le fabricant. Il existe des métiers spéciaux pour les travaux de petite dimension, tels que les galons; ces métiers travaillent en 4 quarts et en 8 quarts.

Le dessinateur doit rester dans les mesures des raccords indiqués, s'évertuer à *brouiller* le raccord, éviter les dessins donnant l'aspect de *carrés* rajoutés les uns aux autres ou les lignes qui barrent les dessins dans les travaux de broderies aussi bien que dans ceux de dentelles. Le raccord peut être pris en biais ou rattrapé en dessous au rang inférieur en quinconce.

Grands raccords recousus. — On divise les grandes pièces en morceaux habilement disposés pour ne pas perdre d'étoffe ni supprimer trop d'aiguilles. Quand elles sont brodées, ces pièces sont recousues pour former un tout (fig. 101).

Mise en carte. — La mise en carte des métiers suisses consiste à agrandir six fois le dessin du compositeur, à le ramener à l'aide de compas à des lignes géométriques très précises et à indiquer à la plume tous les points de broderie que le pantographe suivra pour transmettre le mouvement au tissu sur lequel la broderie sera exécutée. La mise en carte des métiers à bras n'est pas tout à fait la même que celle des métiers à fil continu. Cette dernière est plus compliquée, les points formés par les navettes étant indispensables à connaître et moins faciles que ceux du métier à bras. Il est aisé de comprendre que tout le travail du métier suisse repose sur une bonne mise en carte, celle-ci doit donner le meilleur effet possible en employant le nombre de points le plus restreint, chaque point nécessitant du temps et du fil; moins il y a de points dans une broderie, plus elle est avantageuse pour le fabricant (fig. 102).

Matériaux employés pour les broderies au métier suisse. — Les matériaux employés pour broder au métier suisse sont des plus variés. Le coton pourtant est le textile le plus généralement en usage pour les dentelles brodées sur tissu chimique, quoique cependant la soie ordinaire, la soie floche, le fil de métal soient d'un emploi courant pour différents genres de broderies.

DEVOIR DU DESSINATEUR

Il nous est impossible de donner ici un devoir à l'ouvrier brodeur, puisqu'il serait nécessaire d'avoir un métier à sa disposition pour s'exercer à le faire fonctionner. Nous nous bornerons donc à donner au dessinateur un devoir de composition et de mise en carte, l'engageant à s'exercer à faire un galon pour broderie blanche anglaise et plumetis raccord 4/4; un volant broderie de couleur, raccord 12/4; une dentelle brodée sur tulle raccord 8/4.

Le dessinateur s'exercera à faire la mise en carte de ces différents genres de broderies selon que nous l'avons indiqué.

DIXIÈME LEÇON

Broderies mélangées. — Mélange des broderies à la main et des broderies mécaniques.

Cette dixième leçon est, pour ainsi dire, la conclusion des aperçus et des documents que nous avons donnés sur les différentes broderies et leurs exécutions diverses.

Le mélange des broderies entre elles est ancien ; on le trouve relaté dans beaucoup d'occasions. Les plumes voyantes des oiseaux sont mariées à l'or ou à la broderie au passé, avec les élytres des insectes. On mélange les broderies en cheveux de diverses couleurs aux fils de soie. On mélange encore les pierreries, l'ivoire ou la nacre découpée aux broderies de chenille et d'or.

La broderie imitant le velours se mêle aux paillettes sur le drap ou la mousseline et la gaze de soie.

En 1840, on se sert des *immortelles* naturelles, séchées et teintes, pour les coudre et les mélanger dans les broderies de chenille à gros relief. Puis vient le mélange des broderies mécaniques et des broderies à la main. Ce genre n'est pas ancien pour la raison qu'il ne peut pas remonter antérieurement à l'invention de la broderie à la machine. Cette mode date donc du milieu du siècle dernier. Mais c'est principalement depuis quelques années et à l'heure présente que les combinaisons et les mélanges de broderies à la main et de broderies mécaniques de toutes conditions semblent avoir atteint leur véritable apogée ; ces deux genres d'exécution s'unissent et arrivent à former par leur mélange des ensembles que l'on peut rendre très harmonieux, à la condition de connaître, d'une part, toutes les marchandises employées dans la broderie à la main et, d'autre part, toutes les exécutions que peuvent donner les machines à broder.

La possibilité des mélanges de toutes sortes de broderies que la mode française actuelle a consacrées permet d'associer les genres les plus variés et qui semblent les plus disparates ; on les désigne sous le nom de broderie fantaisie. On peut donc faire, sous ce nom, tout ce que le goût le plus aventureux suggère : ne pas craindre l'originalité et sortir carrément de ce que l'on voit généralement.

En cette occasion, les compositeurs et les brodeurs sont maîtres absolus de leurs idées, à condition de rester légers et élégants dans leurs inventions et de ne jamais perdre de vue que le but à atteindre industriellement est de ne pas être trop cher. Rester dans le cadre restreint et absolu de produire joli et bon marché est chose difficile. Il ne faut cependant jamais oublier cette loi et se laisser entraîner, par exemple, à composer une broderie destinée à être vendue 150 francs et qui coûterait 300 francs. Il faut éviter la richesse exagérée et, malgré cela, ne pas tomber dans des ornements mesquins ou d'aspect pauvre.

Les motifs fabriqués au métier suisse sont actuellement largement mélangés à la broderie à la main et aux exécutions des machines à broder produisant la chaînette, les ganses et les soutaches. Les incrustations de dentelles mécaniques, sur lesquelles on vient broder des effets à la main se retrouvent à chaque instant dans les toilettes modernes. Les broderies en rubans, en lacets, se marient aux applications serties de ganses mécaniques. Les fleurs en mousseline de soie en relief sont incrustées dans les broderies mécaniques.

En ce moment, les mélanges de dentelles et des broderies fabriquées au métier suisse sont en grande faveur. De nombreuses toilettes féminines présentent

Fig. 103 — Coussin (Broderie exécutée en chaînettes en ganse en application mécanique et au passé à la main).

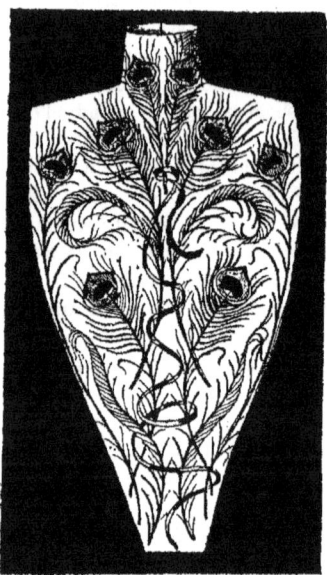

Fig. 104. — Gilet pour costume de dame exécuté en broderie application, en chaînette et en ganse mécanique mélangée avec broderie à la main en chenille et en paillettes.

des mélanges de médaillons en plumetis au métier appliqués sur des laizes de Valenciennes mécaniques et de broderies à la main. On y mélange même des fleurs au crochet genre Irlande aussi bien que des paillettes, des perles ou des broderies d'or et d'argent, faites à la main.

Avant de terminer la partie traitant des broderies dans cet ouvrage, il nous paraît utile de signaler ici que l'emploi de maîtresse brodeuse dans les écoles professionnelles de la ville de Paris fait l'objet d'un concours, lorsqu'une place est vacante. Les épreuves de ce concours comprennent :

1° L'exécution d'un motif en broderie au passé;

2° Une rédaction simple en forme de lettre sur un sujet se rapportant à la profession de brodeuse;

3° L'agencement d'un dessin de broderie d'après les documents fournis par le jury.

4° Une leçon orale avec croquis au tableau noir (après une demi-heure de préparation);

5° Une ou plusieurs épreuves résumant le programme du cours de broderie, qui comprend la broderie au passé, la broderie d'application, le crochet (broderie au tambour), la lame et la finission.

Il est curieux de rapprocher les questions des concours actuels de celles posées autrefois aux maîtres brodeurs et dont nous avons parlé à propos des broderies d'or.

DEUXIÈME PARTIE

LES DENTELLES

✱

ONZIÈME LEÇON

Dentelles brodées sur tulle.

(Voir la planche hors texte, page 77.)

Les dentelles brodées sur tulle ne sont pas d'origine très ancienne. Elles ont été inventées postérieurement au tulle qui leur sert de fond. Elles se divisent en deux espèces : celles faites à la main et celles faites à la mécanique, soit à la machine Cornély, soit au métier suisse ; ces deux dernières fabrications ont été imitées des dentelles faites à la main.

L'expression « broderie sur tulle » pourrait jeter un trouble dans les idées ; nous essaierons de le dissiper en précisant ce que nous désirons faire comprendre, suivant en cela la loi que nous nous sommes imposée dans nos leçons : tâcher d'être clairs dans nos explications techniques.

Il est parfois malaisé de discerner, dans certaines pièces anciennes, la partie appartenant à la broderie et celle qui doit être attribuée à la dentelle ; nos précédentes leçons auront pu aider déjà nos lecteurs à former leur jugement sur ces questions si souvent controversées. La distinction est plus appréciable aujourd'hui, et nous pouvons mieux distinguer la part légitime de la dentelle et celle de la broderie, composant les pièces modernes très complexes cependant en inventions ingénieuses.

Posons donc le principe que toutes les broderies sur tulle sont des dentelles, par l'intention, par la tradition et l'application originelle du point en l'air *Punto in aere*, et enfin par leur destination, de même que toutes les broderies sur tissus opaques tombent dans le domaine de la broderie proprement dite. Pour mieux déterminer les différences, disons encore que tout travail à l'aiguille opéré sur une mousseline, une batiste ou une soie légère, tel que la broderie anglaise, le passé ou le plumetis, est une broderie. Mais si ce même travail est opéré sur tulle, il devient une dentelle.

Constatons de suite que, très rarement, le travail reste identique dans les deux cas ; dès la création du dessin, on se voit obligé de tenir compte des moyens d'exécution et, selon le fond destiné à l'ouvrage, tissu mat ou tulle, des préparations différentes sont exigées qui conduisent vite à des résultats tout à fait divergents et caractérisant nettement le genre auquel appartiendra le travail. Exemple : Un mouchoir de batiste comportant une initiale brodée au plumetis sur le tissu et une bordure brodée sur tulle avec le même point. Le plumetis sera nommé broderie pour l'initiale et dentelle pour la bordure.

La machine Cornély brodant à la chaînette ou à la ganse deux fils sur tulle simple ou double produit une dentelle. Cette machine brodant au même point sur un tissu plein, même très léger, produit une broderie.

Le métier suisse brodant sur tulle directement sans chimiquage consécutif produit de la dentelle, mais s'il travaille sur une étoffe préparée en vue de disparaître ultérieurement au brûlage, c'est de la broderie qu'il fournit.

Nous admettons le caractère spécieux de nos définitions, en reconnaissant que nous posons des règles que les auteurs qui ont écrit avant nous sur les mêmes sujets, n'ont jamais arrêtées aussi résolument; mais en outre de la nécessité où l'on est, parfois, de se prononcer nettement, pour faire de l'enseignement, il faut appliquer des définitions exemptes d'ambiguïté. Les inspecteurs des douanes eux-mêmes, embarrassés pour l'application des tarifs, doivent souvent faire appel à la compétence de leurs experts, et des opinions opposées ont soulevé parfois des discussions qui, faute d'un principe généralement reconnu, n'ont pu se terminer que par une conciliation.

Nous avons eu l'occasion de parler du tulle à la dix-neuvième leçon du premier volume du présent ouvrage. Nous ne reviendrons donc pas sur ce qui a été dit, priant nos lecteurs de vouloir bien s'y reporter.

Ce fut vers 1810 que les métiers à tulle mécanique fonctionnèrent

Fig. 106. — Coin de mouchoir brodé en application et au plumetis sur tulle.

à Calais et à Nottingham. Ils améliorèrent rapidement leurs moyens de production. Il existe aujourd'hui des centaines de genres de fonds de tulle, mais quelques-uns seulement peuvent supporter le travail de la broderie. Les tulles bobins de Nottingham, fabriqués pendant longtemps à Caudry, et les tulles de Bruxelles sont les seuls en coton sur lesquels on puisse broder facilement.

Lyon fabrique sur ses métiers circulaires tous les tulles de soie noire pour le même usage.

A Grand-Couronne (Seine-Inférieure), on fabrique depuis un quart de siècle des tulles de métal très employés pour diverses broderies riches.

Les broderies sur tulle mécanique ont fait leur apparition pendant le règne de Napoléon I*r*, sous forme de rideaux, où elles alternaient avec des applications de mousseline et de tulle sur tulle. C'était l'enfance de l'art; puis on a fait, un peu plus tard, dans le même ordre d'idées, des dentelles délicates où la batiste la plus fine était appliquée sur tulle par un feston et découpée ensuite; après quoi, les fleurs de mousseline appliquées étaient ornées de jours à l'aiguille et reliées entre elles par des broderies en point de reprise sur le tulle.

Plus tard, les progrès mécaniques continuels ont généralisé l'emploi des tulles brodés. Les centres de broderie tels que Lunéville, Loudun, la Bretagne, Lyon, Caen et voire même la ville de Tulle, utilisèrent les nouveaux tulles pour des broderies de fantaisie et ce fut, en outre des rideaux devenus très fins, des écharpes et des dentelles brodées sur des tulles de coton, des voiles de mariées brodés au passé sur tulle illusion tout soie, des dentelles brodées au passé ou au point lancé sur fond de tulle d'or; en un mot, des genres multiples de broderies dont le tulle était le fond.

Fig. 107. — Détail agrandi d'une fleur appliquée au point de feston sur tulle et ornée de jours à l'aiguille.

On imita premièrement les dessins des dentelles vraies dont la broderie à l'aiguille à la main s'approcha d'assez près. Puis la facilité d'exécution permit d'aborder des dessins de grande envolée artistique qui ont été très bien rendus par des ouvrières habiles. On broda beaucoup en lamé d'or et d'argent sur tulle pendant le premier Empire et, en 1840, les fausses blondes brodées sur tulle illusion en grenadine au point de reprise eurent une grande vogue.

La Belgique entreprit la fabrication d'aubes sur un mètre de haut, de rochets, de devants d'autel brodés à la main sur tulle de Bruxelles; elle a atteint alors un degré de perfection remarquable, disparu aujourd'hui avec les ouvrières si capables que l'on n'a pas remplacées. Cette même contrée produisait aussi en tulle brodé de grands et de petits rideaux de vitrage superbes que les fabriques de Saint-Gall et de Plauën cherchent vainement, jusqu'à présent, à égaler en broderie mécanique.

Lierre, en Belgique, est devenu, depuis vingt-cinq ans, un grand centre de broderie où l'on a trop bien réussi dans l'application sur tulle à la main; car on est arrivé à annihiler ce travail, au point de lui faire par trop diminuer ses qualités et ses prix.

Aujourd'hui, on y travaille presque exclusivement sur machine Cornély et, grâce à la modicité des salaires, d'énormes quantités de volants et de laizes y sont fabriquées et exportées; plus de mille bro-

Fig. 108. — Broderie sur tulle en paillettes et cabochons. (Travail moderne de la maison de MM. Millet et Motteau.)

deuses s'y adonnent à ce travail. Les premières ouvrières sont venues se perfectionner à Paris et, après quelques années, sont retournées en Belgique comme échantillonneuses de nouveautés.

Paris renferme un grand nombre d'ouvrières brodeuses. On y exécute des travaux très compliqués, parmi lesquels figurent beaucoup de broderies sur tulle à la main et à la machine, sans qu'on puisse attribuer un caractère particulier à ses productions variées et presque toujours mélangées.

Les brodeurs de Paris emploient des quantités de tulle de toutes sortes ; ils fabriquent de préférence les grandes et somptueuses pièces.

Lunéville s'est essayé vers le milieu du xix° siècle à ce genre de broderie, suite nécessaire des dentelles en application qu'elle ne réussit pas à implanter en Lorraine. Lunéville ne continua pas davantage les broderies sur tulle, toujours vaincue par la Flandre. Les perles et les paillettes lui fournirent d'ailleurs des éléments plus fructueux, et elle s'est taillé dans ce genre spécial une réputation de supériorité qu'elle garde universellement. Lunéville, comme nous l'avons déjà dit à la leçon traitant des perles et des paillettes, fabrique par milliers les robes brodées sur tulle, et les acheteurs du monde entier savent qu'ils trouveront là toutes les ressources des idées parisiennes appliquées dès leur apparition.

En Bretagne et en Vendée, on brodait autrefois des bandes de tulle uni fabriquées à Lille et à Nottingham, qui servaient à garnir les bonnets des femmes de ces contrées. Cette broderie au passé en fil de lin brillant formait des dessins à vermicelle serpentins, ondulant sur le tulle afin de dissimuler les rajoutages trop visibles. Le fond de ces bandes était semé de pois, et les bords ne comportaient aucun picot afin d'être plus faciles à tuyauter et à laver.

Dans l'Orne, on a brodé longtemps des tulles bobins à dessins analogues à ceux de la Bretagne ou de la Vendée, mais plus ouvragés. Durant la période de 1880, où la dentelle bretonne fit fureur, ce genre fut entrepris par les ouvrières de l'Auvergne, et il finit dans l'avilissement des dessins et des prix.

Dans le Calvados, on a brodé sur tulle de soie noire des voilettes cherchant à imiter de loin les fleurs du Chantilly (fig. 109); des laizes ornées d'œillets ou de pois ont été surtout longtemps demandées.

Saint-Quentin et Tarare sont les deux centres modernes français les plus importants de broderie mécanique sur tulle. On y fabrique des ameublements et des robes de tulle brodé et recouvert d'applications diverses.

La région de Saint-Quentin, et plus spécialement Le Cateau, s'est

Fig. 109. — Tulle brodé à la main imitant le Chantilly.

mise à fabriquer des tulles brodés au métier suisse dont les prix avi-

ils ont pu, étant protégés par les droits d'entrée, lutter avec les productions de Plaüen. Pareille tentative fut commencée naguère à Calais où une cinquantaine de métiers suisses fonctionnent avec succès.

On brode également sur tulle au métier suisse à Paris, dans le quartier de Montrouge et à Asnières, Argenteuil, etc.

Saint-Gall et Plaüen brodent sur tulle au métier suisse depuis plus d'un demi-siècle et leurs productions, nées sous le nom de *dentelle orientale*, ont inondé tous les marchés du monde depuis ces vingt dernières années.

Parmi les dentelles brodées, il faut encore citer les dentelles de Dresde qui ont été si en vogue au XVIII° siècle. A vrai dire, c'étaient des broderies puisqu'elles étaient exécutées sur une batiste très fine, mais leur extrême légèreté, leurs points à jour et leur fond clair les ont fait dénommer dentelles...

Les plus riches dentelles brodées proviennent d'Espagne et aussi d'Italie, ce sont celles exécutées avec des fils d'or, d'argent ou autre métal mélangés à des soies de couleur, elles sont de fabrication très ancienne. Ces dentelles étaient souvent ornées de pierreries et de perles.

Avant de terminer l'exposé des dentelles brodées nous devons faire mention des dentelles rebrodées de perles ou de paillettes, de jais noir ou de couleur dont on a fait un grand usage à diverses époques. Les dentelles mécaniques noires, dont les dessins étaient rebrodés entièrement de perles et de chenille, ont été fort à la mode il y a trente-cinq à quarante ans.

Dessin spécial aux dentelles brodées. — Le dessin des dentelles brodées varie selon le genre auquel il est destiné et il ne saurait être le même pour les dentelles brodées à la main et pour celles fabriquées à la mécanique. Lorsque la dentelle brodée est une application faite à la main, il faut pour son dessin se reporter à ce que nous avons dit concernant le dessin spécial aux applications. Lorsque la dentelle brodée est faite en point de reprise sur le tulle, le dessin peut être à peu près ce que veut le dessinateur, surtout si le tulle est fin. Pour les tulles illusion brodés en soie floche, les dessins doivent être très simples ; représenter des fleurs, des branchages et des feuillages d'un aspect ornemental et conventionnel qui doit demeurer léger quoique fait de masses un peu fortes dans les fleurs.

Lorsqu'on cherche à imiter en dentelle brodée sur tulle mécanique Bobin, Alençon ou Bruxelles, les vraies dentelles, il est tout naturel que l'on cherche à imiter aussi le dessin de ces dentelles. Pour les dessins des dentelles brodées à la machine Cornély, nous prions nos lecteurs de vouloir bien se reporter à ce que nous avons dit dans la huitième leçon à ce sujet. Pour toutes les dentelles brodées au métier suisse, il faut également se conformer à toutes les observations faites au chapitre du dessin spécial et aux raccords à observer.

Pour les dentelles brodées de perles et de paillettes, c'est encore à la leçon traitant spécialement de ce sujet que nous prions le lecteur de vouloir bien se reporter.

Le dessin des dentelles de Dresde semblait inspiré de celui des très anciennes Valenciennes ou des dentelles de Binche.

Le dessin des dentelles espagnoles brodées d'or est lourd et somptueux, il est inspiré des richesses de rinceaux venus d'Orient, tandis que le dessin des dentelles de filigrane d'or est plus léger, pimpant, et picoté.

Les dentelles perlées étant le plus souvent des dentelles mécaniques recouvertes de perles, leur dessin n'a rien de spécial puisqu'il consiste seulement à rehausser et mettre en relief le dessin existant déjà sur la dentelle que l'on brode.

Matériaux employés. — Pour broder les dentelles, les matériaux les plus généralement employés ont été le fil, le coton, la soie, la laine, l'or, l'argent, les paillettes, la chenille et les perles. C'est encore actuellement avec ces mêmes fournitures que l'on travaille principalement en y adjoignant tout ce que la mode peut faire naître de fantaisies nouvelles pour les créations de chaque saison.

Exécution des dentelles brodées. — Beaucoup de dentelles brodées sont faites en application de mousseline ou de batiste sur tulle. Ces applications sont travaillées comme nous l'avons expliqué pour les

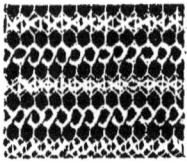

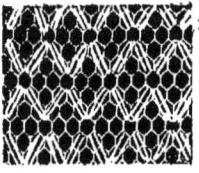
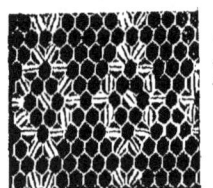

Fig. 111, 112, 113 et 114. — Points de reprise sur tulle.

broderies à la machine Cornély. Le dessin est fait sur la batiste ou la mousseline. La mousseline ou batiste doit ensuite être doublée avec le tulle qui fera le fond. L'étoffe et le tulle seront de même grandeur et bien exactement appliqués l'un sur l'autre ; la mousseline dessinée sur le dessus et le tout bien cousu sur toile cirée. Les bords du dessin seront festonnés, en prenant dans le point la mousseline et le tulle. Quand tout le dessin est festonné, on procède au découpage, opération des plus délicates qui consiste à enlever en la coupant avec de fins ciseaux, toute la mousseline qui recouvre le fond, de manière que le dessin apparaisse en mousseline festonnée tout autour sur le fond de tulle. Dans les applications faites en Irlande actuellement, la mousseline est bordée d'un point plat au lieu d'un feston, cela va plus vite, mais n'est pas solide et donne un aspect très ordinaire.

Il reste encore à faire quelques jours à l'aiguille pour terminer le travail. Pour cela, on découpe complètement les parties que l'on veut orner de points de dentelle, tels que les cœurs, les fleurs, l'intérieur des ornements rocailles, etc. Dans ces petites parties vides d'où on aura enlevé le tulle et la mousseline, on fait à clair avec du fil à dentelle très fin les points à jours des dentelles que l'on préfère. Tous les points à jours ont été donnés dans le premier volume de nos leçons, pages 104, 105, 106 et 160, au point de Venise et au point d'Alençon.

D'autres dentelles brodées sont faites au point de reprise sur le tulle, c'est un genre dont on a usé et abusé. Nous donnons ci-contre quelques figures des points qui permettent en passant e repassant le fil dans le tulle d'obtenir certains effets employés dans ce genre de dentelles brodées.

Il y a aussi les dentelles brodées au point de chaînette. Dans ce genre, le dessin est simplement suivi à l'aide d'un point de chaînette fait au crochet en fil fin, ou à la machine Cornély.

Les dentelles brodées en soie floche sur le tulle illusion et imitant *la blonde*, se font en tendant le tulle sur le métier à broder à barres en employant des points lancés en soie.

Le travail des dentelles de Dresde est très spécial. On fait ce genre en travaillant sur fine batiste avec une grosse aiguille, ce qui produit un trou dans les fils de cette étoffe qui sont serrés ensuite par un fil très fin dont la grosse aiguille est enfilée, ce qui produit un effet ajouré délicat qui permet de détacher les dessins laissés en étoffe sur un fond clair ou sorte de réseau épais. Certaines parties du dessin sont retravaillées sur la batiste, de points damassés qui donnent du relief et du poids au dessin.

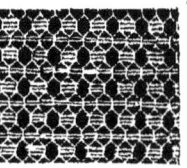
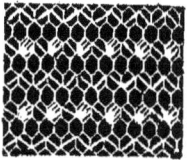

Les dentelles d'or espagnoles étaient faites de fil d'or et de soie, travaillées sur un fond de grosse toile. On posait un fil d'or enfermé dans un large point de boutonnière en soie, de manière à contourner tout le dessin. Ce point était fait de façon à former, à l'aide du fil d'or, une large boucle de distance en distance, boucle destinée à produire le réseau du fond, car une boucle semblable venait s'incruster dans la première au retour du rinceau et constituait une sorte de maille de fond. Lorsque le feston et les bouclettes étaient terminés on remplissait le dessin à l'aide de points lancés en soie de couleur ou en fil d'or, ces parties brodées étaient ensuite agrémentées de paillettes d'or. Le fond de grosse toile était découpé pour ne laisser subsister que la broderie.

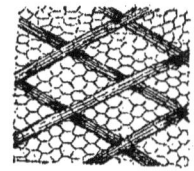

Fig. 115, 116, 117 et 118. — Points de reprise sur tulle.

158   LES BRODERIES ET LES DENTELLES

Fig. 119. — Etoile au point de reprise sur tulle.

Les dentelles de filigrane d'or reposaient sur le même principe, mais avec cette différence, que le feston seul était employé et on n'y faisait pas usage des points lancés.

DEVOIR DU DESSINATEUR

Un mouchoir en dentelle brodée application sur tulle à la main. Un volant de robe de 40 centimètres de haut en article Lunéville, paillettes et crochet à la main.

Une berthe brodée à la chaînette à la machine Cornély.

DEVOIR DE LA BRODEUSE

La brodeuse s'exercera à faire des études de points spéciaux employés pour la broderie des dentelles et fera un volant en tulle brodé en reprise et à jours.

DOUZIÈME LEÇON

La dentelle Renaissance, de la Haute-Saône, de Luxeuil, de Nomeny.

Le genre de travail auquel on a donné le nom de dentelle Renaissance ou de dentelle de Luxeuil est généralement formé par des lacets cousus sur les traits d'un dessin et retenus les uns aux autres par des brides et divers points de dentelle à l'aiguille. En réalité, c'est une guipure. L'origine de son nom est un peu obscure, néanmoins on peut vraisemblablement l'attribuer à l'emploi particulier des dessins de style Renaissance en usage pour ce genre qui a été appliqué, au début, surtout à l'ameublement. Ultérieurement on l'a qualifié du nom de dentelle de Luxeuil parce que c'est dans les environs de cette ville qu'il s'en faisait davantage.

Si l'origine du nom de cette guipure manque de précision, les circonstances qui l'ont fait naître et ont marqué son apparition sont plus nettement accusées. Les premiers lacets ont été faits aux fuseaux au xviie siècle et reliés entre eux par des points à l'aiguille. Ensuite on les a tissés au métier.

L'emploi des lacets était en usage depuis plus d'un quart de siècle pour des ouvrages de dames, quand vers 1887 les premières productions dentellières de la Haute-Saône ont fait leur apparition. Jusquelà les fabricants français qui tissaient des lacets en fil à la mécanique vendaient leurs produits aux marchands merciers, qui les employaient à faire des passementeries ou les revendaient pour cette même fabrication. Les industriels appelaient eux-mêmes *passementerie* les lacets parce qu'ils étaient faits sur des métiers à rubans. Aujourd'hui c'est à Calais et à Barmen que l'on fabrique les lacets pour la fantaisie. Les articles classiques sont faits à Saint-Chamond, à Senones et à Belleville.

La Haute-Saône est la contrée où s'est développée sur une plus grande échelle, l'industrie des guipures Renaissance. On y a essayé la copie des dentelles anciennes, notamment du point de Milan, de Gênes, de Raguse, du point de France, de la dentelle de Bruges et de l'application de Bruxelles sur tulle qui se prêtaient particulièrement bien à l'imitation faite à l'aide des lacets.

On y fabriqua des nouveautés pour robes, manteaux, chapeaux, confectionnées en lacet fin de coton, de coton et or, de coton Pompadour et de soie noire, en même temps qu'on y travaillait les articles classiques en gros fil de lin pour rideaux, stores, brise-bise, couvre-lits, nappes, napperons, sous bols etc.

La guipure Renaissance a joui pendant un certain temps des plus hautes faveurs de la mode, malgré cela, elle n'a pas tardé à perdre un peu de sa vogue. L'ingéniosité des fabricants créa alors des lacets à fils d'étirage qui valurent un regain de faveur à la guipure Renaissance.

Le fil d'étirage est un fil libre, qui permet en le retirant d'obtenir du lacet, un enroulement, un arc de cercle ou une volute. Les lacets sont munis d'un fil d'étirage sur chacun de leurs bords et peuvent s'infléchir dans deux sens, selon les nécessités du travail.

Poursuivant leur œuvre d'amélioration dans la fabrication des lacets, les industriels ont décomposé les véritables dentelles anciennes et modernes, ils ont recherché la technique des motifs, des fleurs, des feuilles, des pois et même des nervures des dentelles de Bruges et de l'application de Bruxelles et ils ont exécuté aux métiers Leavers à Calais des copies de pièces désarticulées de ces dentelles à la main. Ils en ont constitué des lacets ou galons en droit fil, qui, étant cousus sur un dessin de ces vraies dentelles, arrivent à en imiter assez bien l'effet général.

Malgré les perfectionnements des fabricants de lacets, la guipure Renaissance aurait périclité si elle n'avait été soutenue par la beauté, la variété et la finesse dans l'exécution des jours qui y étaient introduits pour orner l'intérieur des fleurs.

Les habiles ouvrières francomtoises savent enrichir de points délicats les moindres vides laissés entre les lacets, et vraiment, le mérite principal de la guipure Renaissance consiste dans ces jours merveilleux, participant d'une foule de points à l'aiguille empruntés à toutes les dentelles véritables.

Certains fabricants et amateurs d'œuvres artistiques ont refusé d'admettre la guipure Renaissance au rang des vraies dentelles, ses sœurs ainées, auxquelles elle faisait une si redoutable concurrence. Ils ont décrié cette nouvelle production dans le monde élégant et ont réussi à entraver son essor parmi la haute clientèle. Mais ces détracteurs ont dû s'incliner impartialement devant les résultats obtenus par les industriels et les ouvrières de la Haute-Saône, quoiqu'ils prétendissent que le genre des guipures Renaissance soit une garniture d'ameublement et qu'elle ne puisse être employée dans les toilettes féminines parce qu'elles manquent de flou et de légèreté. Cet argument était fondé sur ce que ces guipures étaient exécutées, au début, au moyen de larges lacets de quatre à cinq millimètres qui

Fig. 120. — Brise-bise en guipure Renaissance.

paraissaient encore plus lourds à cause de la teinte ocrée qu'on leur donnait et qui était à la mode en 1889.

D'autre part, il faut ajouter que les fabricants bellevillois n'avaient d'abord envisagé l'emploi des lacets que pour l'ameublement, surtout depuis la généralisation en France de la mode des stores flamands que l'on garnissait presque exclusivement de guipure Renaissance. Malgré cela, la guipure Renaissance est arrivée à forcer les portes des grands couturiers et l'application des lacets aux garnitures de robes fut vite acceptée lorsque Calais, Barmen et Nottingham arrivèrent presque simultanément à produire en 1890 et en 1891 de fins lacets. Le textile en fut changé, on laissa de côté le fil trop fibreux, pour adopter le coton plus souple et d'une teinture plus facile. Le même lacet ivoire, crème ou beurre, fabriqué en plusieurs largeurs, variant de 2 à 5 millimètres permettait des exécutions variées ; on fit aussi des lacets à bords picotés, cordonnés ou semés de pois. On en fit en fil d'or, en soie de couleur et d'autres dans lesquels on ménageait de jolis jours rappelant ceux des toilés des guipures de Venise.

Peu à peu, couramment confectionnée avec ces éléments de plus en plus perfectionnés, la fine guipure Renaissance était adoptée pour les robes, les corsages et les manteaux. Les chapeaux suivirent même le mouvement et bientôt des toilettes composées entièrement de lacets variés plats, ajourés ou à reliefs, gracieusement enroulés, ont été mises à la mode, et portées par toutes les élégantes.

On appliqua des lacets sur tulles, et des volants brodés au passé ou au crochet, où étaient mélangés des lacets, sont venus s'ajouter à tout ce que l'on avait essayé précédemment.

La guipure Renaissance fabriquée avec des lacets de fil bis ou blanc ayant un bourdon central en coton ou deux bourdons de chaque côté enflés de *bigoudis* (1), également en coton, imite à s'y méprendre les véritables guipures de Mirecourt. (Voir cette guipure page 237, 1ᵉʳ volume.)

Ce dernier genre favorisait la fabrication d'objets communs. Des centaines de mille de petits cols, des robes ordinaires ont été faits de cette façon et vendus en France ou par l'exportation à des prix aussi bas que s'ils avaient été fabriqués à la machine. Aucun autre point que ceux dits *vous* et *moi* qui vont très vite à faire n'étaient introduits dans les fleurs ou ornements de cette marchandise établie à trop bon marché.

Le lacet reste une précieuse ressource pour une catégorie immense d'ouvrières, que son travail facile attire et auxquelles il procure ce minime salaire d'appoint si justement recherché par tous les ménages honnêtes ; cette seule considération devrait suffire à assurer son existence.

En dehors de la Haute-Saône où se développa dans les environs

---

(1) On nomme *bigoudis* en terme dentellier de forts reliefs, gros au milieu et fins des deux bouts, destinés à imiter les *brodes* des anciennes guipures de Venise. Ces reliefs sont cousus sur les dentelles.

Fig. 121. — Store en guipure Renaissance de la maison de M. Béraud.

de Luxeuil la fabrication des guipures en lacets, on en faisait aussi dans les Vosges et les départements voisins. Plus de vingt-cinq mille ouvrières y travaillaient vers la fin du siècle dernier, alors qu'elle atteignait son apogée ; puis on s'est mis à faire des dentelles au lacet en Auvergne, en Normandie, en Bretagne et aux environs de Paris. Enfin de tous les points de la France ont surgi des ouvrières prêtes à adopter ce travail au moment où la faveur l'abandonnait, en conséquence les jalons sont posés, et un retour de la mode capricieuse trouverait des éléments préparés pour faire refleurir brillamment les guipures Renaissance.

C'est à regret que la Belgique s'est mise à une fabrication faisant concurrence à celle qui lui est foncièrement propre, aussi n'a-t-on fait en Belgique que de très belles pièces en guipure Renaissance. Les ouvrières belges ne paraissent pas disposées à vouloir quitter, pour s'adonner au lacet, les travaux d'aiguille et de fuseaux auxquels elles doivent leur renommée incontestée et leur prospérité.

FIG. 122. — Nappe garnie de guipure Renaissance.

Dessin spécial des dentelles Renaissance de la Haute-Saône et de Luxeuil. — Le dessin de ces genres de travaux est tout à fait spécial puisque son mérite repose sur les effets donnés par un ruban dont l'étroitesse uniforme ne peut rendre que bien imparfaitement les inflexions souples d'un rinceau ou les détails d'une fleur. Au début, les essais étaient timides. Les effets dits vermicellés séduisaient par leur exécution facile et rapide pour laquelle on n'employait que des points moulinets et les points *vous et moi*. Avec des moyens si restreints, un résultat artistique aurait tenu du prodige, aussi n'a-t-il jamais été obtenu par aucun fabricant de la Haute-Saône ni d'ailleurs malgré l'habileté consommée des dessinateurs et des ouvrières qui s'y sont essayées.

Plus tard, l'affinement des lacets, leurs formes variées ont permis le développement de compositions plus stylisées que celles imposées au début par l'emploi de lacets de 4 à 5 millimètres de large ; les dessinateurs d'ouvrages de dames surtout ont pu donner une tournure un peu plus artistique à leurs inventions et des progrès remarquables se sont dès lors accomplis dans les dessins du genre dit dentelle Renaissance.

La première question qui doit préoccuper le dessinateur qui se prépare à composer un dessin de dentelle Renaissance est la

Fig. 123. — Incrustation en guipure Renaissance pour robe.

parfaite connaissance des matériaux qui seront employés : si le lacet est large et unique, il devra en relever exactement la largeur sur une bande de papier de façon à pouvoir s'assurer tout en travaillant que le dessin ne comporte que des contours où le lacet peut se loger sans produire de déformations qui tueraient la composition.

Pour dessiner une dentelle au lacet, il faut commencer par tracer largement son idée première au fusain, sans jamais perdre de vue qu'elle doit être simple et permettre au lacet de suivre les sinuosités du dessin en coupant le moins possible, opération qui enlève de la solidité et fait perdre du temps à l'ouvrière ; néanmoins, les croisements nombreux l'un sur l'autre doivent être évités : on croise les lacets une fois sans inconvénient, mais plusieurs retours du lacet sur lui-même produisent des lourdeurs inacceptables et qui dénaturent le dessin.

Lorsque le croquis rapide du projet est tracé, il est nécessaire de le mettre au net et d'établir une esquisse précise en marquant d'un double trait de crayon la largeur du lacet, on y arrivera en promenant sur le dessin la petite mesure prise sur une bande de papier et qui permet de vérifier si la largeur est bien la même dans toute la composition.

Si les lacets sont de grosseurs différentes ou en amandes, il est indispensable de savoir à l'avance la place que ces différentes fournitures occuperont dans le dessin. Si, par exemple, on représente une fleur faite de cinq amandes, le dessin de cette fleur doit correspondre exactement à la forme et à la grandeur de ces amandes.

Il est nécessaire aussi que le dessinateur sache d'avance si les ouvrières mettront des jours dans la dentelle ou si elle ne sera confectionnée qu'avec l'emploi des *brides*, des *moulinets* et des *vous et moi*, puisqu'il doit indiquer la place de ces points et observer que dans les endroits où sont des *vous et moi* il ne faut pas laisser trop d'espace entre les deux lacets, car ce point produit très mauvais effet quand il est placé entre deux bords trop éloignés ; il se tire en tous sens. Il y a des cas où les galons sont cousus l'un près de l'autre sans points à jours entre. C'est encore une chose que le dessinateur doit connaître.

Lorsque les galons doivent être cousus sur fond de tulle ou de mousseline de soie et agrémentés de points à jours, la composition du dessin de ces travaux devient similaire de celle des soutaches. Dans l'ordre d'idée des applications de lacets cousus sur un fond et destinés à la fantaisie, le champ est tellement vaste qu'il faut renoncer à entrer ici dans des détails précis, sur le dessin de ces deux derniers genres.

LA DENTELLE RENAISSANCE

Matériaux employés pour les dentelles Renaissance et de Luxeuil. — Pour ces genres de dentelle on emploie des lacets de fil de lin, de coton, blancs, chinés ou de tons crèmes. Les lacets de soie existent en noir et blanc et en couleurs mélangées d'or, d'argent ou d'autres métaux. La forme des lacets est très variée, on peut cependant les diviser en lacets à bords droits et en lacets composés d'ovales que l'on appelle *amandes* ou *médaillons*; il y a encore tous les lacets destinés aux diverses imitations de dentelles, qui sont : les lacets genre Bruges, Cluny, Irlande, et enfin une sorte de petits lacets *picotés* qui ont un de leurs bords uni et l'autre à bouclettes, destinés à être cousus au bord des dentelles. Il existe encore un petit lacet rond à picots servant à imiter les brides des dentelles. Du reste, chaque saison apporte de nouvelles créations dans la fabrication des lacets, suivant la mode du moment.

Fig. 124. — Col en guipure Renaissance.

Il est indispensable d'avoir du fil à dentelle, des aiguilles de dentellières et d'être pourvu de dessins spéciaux sur toile cirée verte ou sur percaline pour entreprendre les travaux au lacet.

Exécution des guipures Renaissance ou de Luxeuil. — Pour faire une guipure au lacet, on doit commencer par fixer le lacet sur le patron dessiné. Si l'ouvrage est de grande dimension, il est prudent de doubler d'une toile forte la percaline ou le papier toile sur lequel le dessin est tracé.

La toile cirée noire n'est guère employée que pour des ouvrages de petite dimension. Pour attacher le lacet sur le patron on le coud avec un fil souple, assez fin pour que son passage ne marque pas sur le lacet, celui-ci est bâti entre les lignes qui forment le dessin et fixé au moyen de points devant réguliers. Quand les lignes du dessin forment des courbes, on fixe le lacet en suivant son bord extérieur et s'il est muni d'un fil d'étirage, on le tire légèrement pour arrondir la forme, et ce mouvement s'effectue comme au moyen d'une coulisse. S'il s'agit d'un lacet sans fil d'étirage, on le fronce à l'aiguille vers l'intérieur. Dans les endroits où le dessin forme des angles, on replie le lacet sur lui-même ou on le fixe au coin du haut et on fait un pli qui forme l'angle, on coud cet angle avec des points bien arrêtés. Au commencement et à la fin du dessin, on doit réserver un petit bout de lacet de deux centimètres pour terminer proprement.

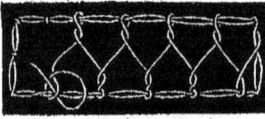
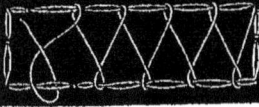

Fig. 125 et 126. — Points *vous et moi*.

Lorsque le lacet est cousu sur tout le dessin, on arrête les parties où il y a des fronces et on fixe les croisures par quelques points. Il convient de couvrir de papier la portion de l'ouvrage à laquelle on ne travaille pas pour ne pas le défraîchir.

On doit éviter de trop tirer les points que l'on fait pour les brides et les jours pour ne pas faire brider les lacets. Il est préférable de commencer par faire les brides d'un travail au lacet et de ne faire les points qu'après qu'elles sont toutes terminées. En faisant les points à jours il faut s'appliquer à ne jamais traverser le calque, ils doivent être exécutés au-dessus sans adhérer, pour obtenir plus sûrement ce résultat, on fera bien de travailler en tenant l'aiguille par la pointe de façon à faire passer le chas le premier en évitant de fendre le fil.

Les brides seront faites à points de surjet, c'est-à-dire tordues simplement au point de feston, ou encore au point de feston épinglé. Nous avons donné les figures de toutes ces brides (Voir page 107, 1er vol.) ainsi que les roues qui doivent remplir tous les grands espaces entre les galons. Dans certains ouvrages, les roues sont remplacées par des anneaux, sortes de ronds festonnés que l'on trouve à acheter tout faits au cent ou au mille. Quand on veut faire les anneaux soi-même, on se sert d'un petit moule en bois, on tourne le fil plusieurs fois autour et on festonne sur ce bourrage en cercle.

Dans tous les travaux communs, à bas prix, l'intérieur des dessins est rempli de points *vous* et *moi* (fig. 125 et 126), mais dans les travaux soignés, on y emploie tous les mêmes points de dentelle que pour le point de Venise et le point d'Alençon. (Voir page 160, 1er vol.)

Les dentelles au lacet les plus faciles à faire sont celles où le lacet est cousu sur un fond de tulle ; dans ce cas le travail n'est plus qu'une œuvre de couture. Des jours à l'aiguille sont quelquefois introduits dans les fleurs ou les ornements de ces genres pour lesquels il existe un très grand nombre de variantes dans l'exécution.

DEVOIR DU DESSINATEUR

Le dessinateur fera : 1° le dessin d'un store en guipure Renaissance avec un lacet de 5 millimètres et n'y emploiera que des brides tordues, roues et points *vous* et *moi;*

2° Le dessin d'un volant en fins lacets pour ouvrage de dames, avec l'emploi de nombreux points à jours ;

3° Le dessin d'un mouchoir en lacets amandes appliqué sur tulle.

DEVOIR DE LA BRODEUSE

La brodeuse fera : 1° un brise-bise en lacet large de 4 millimètres avec brides tordues, anneaux et points *vous* et *moi;*

2° Un mouchoir en fin lacet avec jours nombreux à l'aiguille ;

3° Une écharpe de tulle brodée de lacets et ornée de points à jours à l'aiguille.

TREIZIÈME LEÇON

Le crochet. — Les guipures d'Irlande. — Le tricot. — Le macramé. La frivolité.

(Voir les planches hors texte, pages 87 et 97.)

On désigne sous le nom de crochet toute une série d'ouvrages qui empruntent leur dénomination à l'outil servant à les exécuter.

Dès le xvi° siècle on appelait crochets de petits instruments dont les dames se servaient pour faire des ouvrages de fil. On faisait au crochet des dentelles destinées à garnir des objets de toilette ou d'ameublement : des châles, des couvre-pieds, etc. Les travaux au crochet ordinaires peuvent et doivent figurer parmi les guipures et les dentelles, étant travaillés en l'air et sans aucun soutien. Les ouvrières se guident sur des dessins ou des modèles dont elles comptent les mailles pour les copier. Le crochet ordinaire considéré comme dentelle est un travail d'aspect commun sur lequel nous ne nous étendrons pas longuement, cependant tous les divers points du crochet sont utiles à connaître pour les dentellières.

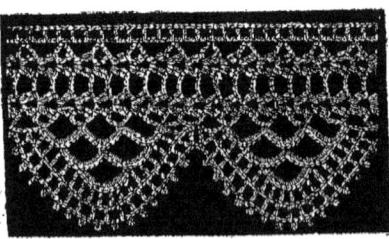

Fig. 127. — Dentelle au crochet.

On fait un ouvrage au crochet dit *à la fourche* qui se travaille sur une espèce d'épingle double analogue aux épingles à cheveux. A l'aide de ces fourches on peut exécuter une quantité de points variés, intéressants.

On travaille également au crochet en mélangeant des lacets à ses mailles et pendant un certain nombre d'années, il y a de cela vingt-cinq ans environ, on a employé, mélangée aux points de crochet, la *mignardise*, petite gance à picots s'appliquant à un grand nombre de travaux de dames.

Fig. 129. — Chaînette au crochet.

Les *guipures d'Irlande* sont entièrement faites au crochet en l'air sur le doigt ; leur invention remonte à un peu plus d'un demi-siècle, époque à laquelle les couvents de l'Irlande s'étaient déjà constitués une spécialité d'ouvrages au crochet désignés sous le nom de *crochet lace*. En 1846, l'Irlande, très éprouvée par une grande famine, vit le travail du *crochet lace* encouragé de tous côtés, afin de venir en aide à la population pauvre de ce pays. Les guipures d'Irlande fabriquées dans la région de Dublin et de Belfast devinrent dès lors, l'objet de transactions dans le monde entier et furent employées en garnitures de robes et de lingerie.

Les dessins de ces premières guipures étaient assez limités, trois ou quatre types de décoration, toujours les mêmes, étaient reproduits pour former des dentelles, des laizes ou des entre-deux. Les couvents irlandais fabriquaient aussi un genre de travail au crochet très fin formé de simples dessins en cerceaux ou en cercles et de boutons, qu'on employait pour garnir la lingerie à cause de la solidité qu'il présentait à l'usage et au savonnage.

Fig. 130. — Mailles simples au crochet.

Après la guerre de 1870 les confectionneurs en costumes d'enfants adoptèrent la guipure d'Irlande au crochet et déterminèrent une mode qui resta limitée à la toilette enfantine.

La production lente et irrégulière des paysannes irlandaises, l'absence d'entrepreneurs, la variabilité des prix et des qualités entravèrent jus-

Fig. 131. — Brides au crochet.

qu'en 1895 {le développement de ce genre qui contenait le germe de l'un des plus grands succès modernes.

L'esprit novateur français supportait mal l'exécution monotone et la niaiserie des dessins des guipures d'Irlande. Les négociants parisiens répugnaient à demeurer enfermés à perpétuité dans le commerce d'une dentelle ne fournissant pas d'autres dessins que le schamrock, l'agrafe et le croissant, mais leurs objurations restèrent vaines près des calmes Irlandais. Las d'insister, quelques-uns d'entre eux, en tête desquels se place M. Paul Marescot, eurent l'idée de faire fabriquer des guipures d'Irlande en Franche-Comté, auxquelles ils inculquèrent un esprit nouveau qui les ont placées en peu d'années au premier rang des plus belles dentelles modernes.

C'est vers 1900 que la fabrication en a été développée dans la Haute-Saône, elle n'a conservé de son origine que son mode d'exécution au crochet et l'emprunt de quelques dessins rudimentaires; car ses formes nouvelles sont recherchées dans la flore stylisée et elle comporte des ornements à gros reliefs se détachant le plus souvent sur de larges fonds ajourés.

Les ouvrières de la Haute-Saône, voyant décroître la faveur dont avaient joui les guipures Renaissance qui les avaient occupées pendant de longues années, furent vite séduites par la fabrication du genre irlandais et l'industrie nouvelle prit une extension rapide dans les provinces de l'Est, qui s'étendit ensuite dans les Vosges, en Auvergne, en Normandie, en Bretagne et jusque dans les Pyrénées, au point d'occuper de quinze à vingt mille ouvrières en France.

Actuellement, cette haute nouveauté jouit d'une grande faveur pour la toilette féminine, elle s'y emploie en longues jaquettes, manteaux du soir,

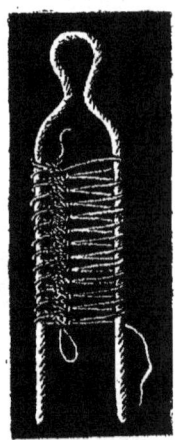

Fig. 132. — Travail du crochet à fourche.

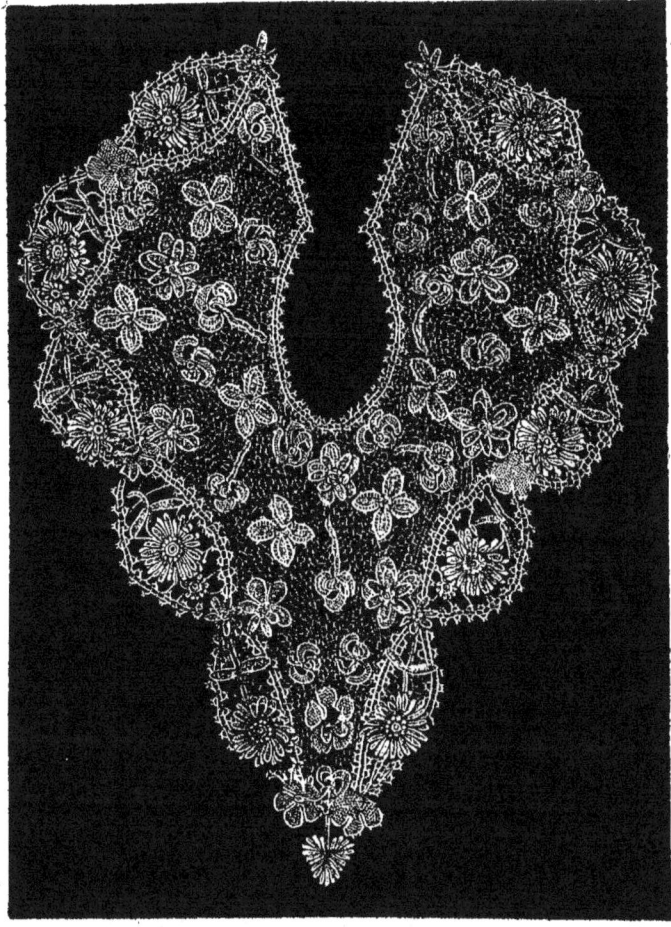

Fig. 133. — Col en guipure d'Irlande.

robes, boléros, corsage, incrustations, cols, laizes, dentelles, ou entre-deux à gros reliefs ou sous la forme plus délicate et plus souple de *l'Irlandette*, variété de guipure d'Irlande en fil extrêmement fin, dont les dessins rudimentaires sont très petits. L'Irlandette est souvent mariée à l'Irlande pour former des oppositions élégantes.

Fig. 134. — Motif d'Irlande très agrandi en cours d'exécution.

Dessin spécial à la guipure d'Irlande. — Dans les guipures d'Irlande faites au début, le dessin était nul. Les couvents ont créé des dessins inspirés par les points de Venise et ont cherché à se rapprocher des guipures à l'aiguille pour celles qu'on pouvait imiter à l'aide du crochet. Le travail des motifs qui se fait absolument *en l'air* sur les doigts, comme nous l'avons dit déjà, se prête mal à suivre un dessin.

Les fleurs, les ornements sont plus facilement recopiés par les ouvrières, en comptant les points d'un type initial établi par une patroneuse; ils sont faits par douzaines, tous pareils, et le rôle du dessinateur se borne à l'arrangement des motifs en vue de les réunir et d'en former son dessin.

L'Irlande primitif autorise peu de fantaisies, car dès que l'on s'écarte du genre donné et toujours le même, le caractère spécial de cette guipure se perd et elle devient facilement un ouvrage de crochet ordinaire, chose que l'on doit éviter avec soin. Pour les guipures d'Irlande à gros reliefs faites en France, le dessin y joue un rôle qui peut être important puisqu'il s'agit d'y représenter des fleurs stylisées ou des ornements très souvent en épaisseur se détachant comme pourraient le faire des fleurs artificielles fixées sur le fond. Il sera bon que le dessinateur qui veut aborder la composition de l'Irlande à reliefs connaisse la fabrication et la manière dont les ouvrières travaillent ce genre de crochet afin de ne rien établir qui soit inexécutable; beaucoup de formes ne sont pas réalisables au crochet. En se rendant compte de l'exécution, le dessinateur se mettra à l'abri des erreurs.

Fig. 135. — Galon en Frivolité.

L'Irlandette ne comporte que peu ou pas de composition pour le dessinateur.

Matériaux employés. — Ces matériaux se bornent à du coton ou du fil de diverses grosseurs et des *bourdons* (gros coton, servant de bourrage). Malgré ce qui a été essayé jusqu'ici, les cotons de provenance anglaise donnent toujours un résultat supérieur à celui obtenu avec les cotons français, très employés cependant pour la confection des motifs au crochet fabriqués en France.

Exécution des guipures d'Irlande. — Pour faire le crochet spécial à l'Irlande, on doit travailler tous les motifs ou ornements sur une âme ou bourdon de coton que l'on enferme dans des mailles simples. Le bourdon ou âme est *tiré* de façon à infléchir les ornements à droite ou à gauche ou bien à former des cercles, des demi-cercles, des arceaux, des ovales, etc. On introduit parfois quelques points de chaînette ou de bride formant des parties ajourées dans le milieu des fleurs lorsqu'elles sont trop larges et qu'elles pourraient sembler trop massives. En principe, la base véritable des ornements de ce genre de guipure est un point mat, lourd, en relief, rappelant par la disposition de ses fils un point de feston ou de boutonnière.

Les fleurs ou ornements se font toujours à part et chacun isolément; souvent même par morceaux détachés que l'on réunit ensuite lorsqu'on fait de grosses fleurs en relief. Tous les motifs qui doivent composer la guipure que l'on veut fabriquer, se cousent une fois terminés sur une percaline qui a été poncée au préalable et qui reproduit le dessin

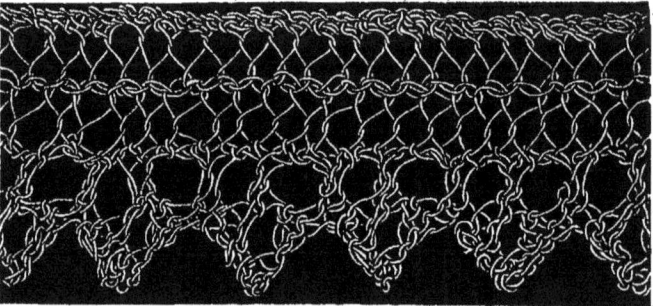

Fig. 136. — Dentelle tricotée.

de l'objet entier. Tous les motifs étant solidement fixés à la place qu'ils doivent occuper on procède au raccrochage en faisant les chaînettes du fond.

Le fond des guipures d'Irlande est généralement fait à l'aide d'une simple chaînette au crochet qui, de distance en distance, reprise sur elle-même, forme un picot. Le fond exécuté avec du fil très fin est travaillé de manière à imiter les barrettes irrégulières des fonds des guipures de Venise. Dans le travail nouveau des grosses guipures d'Irlande à relief, on fait des fonds variés dont les réseaux sont différents et les points aussi. Certains de ces fonds sont travaillés sur un bourdon et au même point que les fleurs; pour soutenir les grosses formes à reliefs proéminents de l'Irlande moderne, il est nécessaire que le fond soit lui-même épais et solide, car la maille de chaînette qui constitue les fonds ordinaires des guipures d'Irlande est molle et n'offre pas un soutien suffisant dans certains cas, à des fleurs très lourdes.

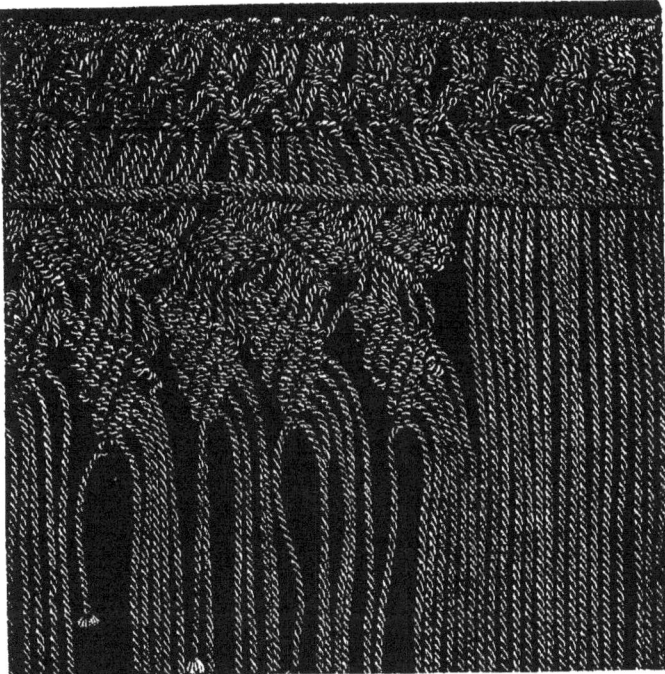

Fig. 137. — Macramé en cours d'exécution.

Les guipures d'Irlande présentent un bord à picots dentelés à un ou à plusieurs étages. Ce picot est fait sur bourdon avec le même point que les fleurs ou ornements.

Le *tricot* est un des ouvrages de femme les plus anciens qui existent. Il a été retrouvé des tricots datant des premiers siècles de notre ère, dont les points étaient les mêmes exactement que ceux connus et en usage de nos jours.

Nous laisserons de côté l'emploi du tricot servant à faire des bas, pour ne parler que du tricot permettant d'exécuter des dentelles à l'aide de points à jour variés. Ces dentelles, au point de vue de leurs dessins, sont sans intérêt; on n'a pas su encore tirer de ce travail tout ce qu'il pourrait révéler en des mains habiles et expertes. Il vaudrait la peine, à l'heure où on fait des recherches de points nouveaux, d'essayer et d'étudier ce que le tricot est susceptible de donner, seul ou adjoint au crochet.

Le *macramé* désigne un genre d'ouvrages faits au moyen du tressage et de nœuds en fil. C'est un travail fort ancien aussi dont l'invention est attribuée aux Arabes; il est presque du domaine de la passementerie et se recommande par une solidité à toute épreuve. La tradition du macramé a été conservée dans des couvents et chez les paysans de certaines contrées; il a fait sa réapparition il y a quelques années, employé comme garniture dans la toilette féminine; son succès a été douteux autant qu'éphémère. La figure 137 représente un travail au macramé en cours d'exécution.

La *frivolité* est composée de nœuds formant des ronds ou des demi-cercles souvent ornés de picots; cet ouvrage s'exécute à l'aide d'une navette sur laquelle est enroulé le fil et simplement sur les doigts en l'air (fig. 135). Le travail de la frivolité est très voisin de celui du macramé, mais il en diffère par le procédé d'exécution et en ce que les objets que l'on peut faire sont peu nombreux et de dimension exiguë.

DEVOIR DU DESSINATEUR

Composer le dessin d'une jupe en Irlande à gros reliefs, mélangée d'Irlandette.

DEVOIR DE LA DENTELLIÈRE

Exécuter un volant de quinze centimètres en Irlande, genre ancien.
Un entre-deux de cinq centimètres en Irlandette.
Un boléro court en Irlande à gros reliefs.

QUATORZIÈME LEÇON

Chantilly. — Blonde. — Caen. — Bayeux.

(Voir la planche hors texte page 115.)

Historique. — La dentelle de soie semble être apparue aux premiers temps du xvii° siècle; on voit la soie de couleur employée pour orner les rosaces des guipures de Gênes, fabriquées aux fuseaux. Dans le même temps on faisait, en soie noire, des imitations des points de Lille et de ceux d'Arras. Ces imitations ont trouvé leur écoulement dans les colonies espagnoles et en Espagne.

Lors de son mariage avec Louis XIV, l'infante Marie-Thérèse qui avait vu des guipures de soie noire en Espagne, en fit adopter la mode pour les garnitures de sous-jupes. Cependant, elles n'ont fait qu'une courte apparition, la soie malgré son extrême docilité ne pouvait se prêter aux nombreuses et différentes variétés d'exécution du fil et du coton. La Cour est revenue très vite aux dentelles blanches, si belles à cette époque, et la soie noire n'a plus été employée que pour la fabrication des dentelles ordinaires. On en garnissait les coiffures, les mantelets de taffetas et les fichus. En 1690, le recueil des gravures de Bonnard, montre l'usage qui était fait des guipures de soie noire analogues à celles que l'on fabriquait avec du fil blanc. Puis le mantelet fit place à l'écharpe qui a été garnie également de dentelles de soie noire à réseau de tulle, avec des bordures dont les dessins étaient tirés du point d'Alençon, des dentelles de Lille ou de celles de Malines.

L'origine de la dentelle de Chantilly est assez mal établie. Selon les uns on aurait commencé à fabriquer cette dentelle à Chantilly au

XVIIIᵉ siècle. Selon les autres on l'aurait vue débuter à Caen et à Bayeux. Toujours est-il qu'elle a pris le nom de la localité où on la fabriquait le mieux. L'Ile de France comptait, au XVIIIᵉ siècle, un nombre considérable d'ouvrières dentellières aux fuseaux, qui s'adonnaient à tous les genres connus et révélés par la capitale. Il se peut que l'idée d'exécuter en soie noire les *Gueuses*, les *Bisettes*, puis les dentelles de Lille et d'Arras ait conduit assez rapidement, en passant par le point

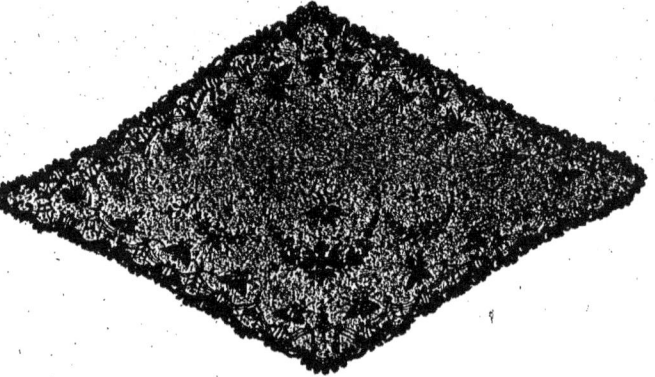

Fig. 139. — Châle oblong en dentelle de Chantilly noire.

de Paris, à la fabrication de la dentelle Chantilly. On en faisait sûrement, en 1750, dans la petite ville qui serait la marraine de cette dentelle spéciale. Elle se composait, au début, de mailles quelconques et de mats grillés grossiers, entourés d'un gros fil limitant le dessin. Puis le fond *chant* (abréviation de Chantilly) du point de Paris fit son apparition, et enfin la maille hexagonale du point d'Alençon, copiée aux fuseaux et définitivement adoptée, servit de fond aux dentelles les plus ordinaires comme à celles les plus chères et aux dessins les plus artistiques.

En 1793, la Révolution ayant amené la décadence dans le goût des arts, la dentelle blanche entraîna, dans sa disparition, la dentelle noire. Sous le premier Empire ce sont les *blondes*, *blanches* et *noires* qui font fureur et jouissent d'une grande prospérité.

Il faut attendre le règne de Louis-Philippe pour voir l'usage de la dentelle noire de Chantilly ramené à la mode. On la voit alors sous forme de fichus, de pointes de châles et, plus tard, sous celle des barbes. La dentelle noire était en parfaite harmonie avec les habitudes bourgeoises d'une Cour régie par la reine Amélie; aussi le Chantilly avait-il les honneurs du trône.

On portait beaucoup de schals de l'Inde; cette forme fut adoptée par les fabricants de dentelle noire de Caen, qui y trouvèrent l'occasion de créer des dessins à grande envolée et d'occuper d'habiles ouvrières à ces pièces, les plus importantes qu'on ait produites dans ce genre.

L'industrie de la dentelle de soie noire est restée localisée, en

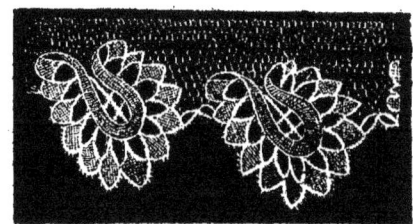

Fig. 140. — Blonde de soie blanche ancienne.

France, à Caen et à Bayeux. Sous le règne de Napoléon III, la faveur dont a joui la dentelle de Chantilly a provoqué l'éclosion des plus remarquables produits que l'art puisse atteindre et dans lesquels plusieurs fabricants se sont immortalisés.

Les plus simples petites bandes de dentelle étaient travaillées avec des soies extra-fines et révélaient le goût du dessinateur et la capacité des ouvrières, par des dessins ombrés et si parfaitement dégradés qu'on les aurait supposés estompés. Les mats grillés laissaient voir aux amateurs leur régularité parfaite. Jamais, dans aucun genre ni dans aucun pays, la fabrication n'a approché plus près de l'idéal. On reformera difficilement un ensemble d'artistes dessinateurs, de fabricants et surtout d'ouvrières capables de renouveler les superbes travaux de cette région de Bayeux. Le nom de M. Ernest Lefébure restera attaché à tout ce qui a contribué à élever le niveau de l'art et de l'industrie de la dentelle, au cours du demi-siècle écoulé; il a été l'un de ceux qui ont produit les plus belles pièces de Chantilly, de Bayeux, et ses efforts ont contribué à maintenir dans la région du Calvados, un nombre de bonnes ouvrières auxquelles il a fait exécuter les points les plus difficiles parmi ceux connus à Venise et en Flandre.

La dentelle de Chantilly a été fabriquée aussi en Italie, en Saxe et en Bohême aux xviii° et xix° siècles. La Catalogne en produisait d'assez belles qui ont amené insensiblement la blonde espagnole. Enghien et Grammont, en Belgique, ont essayé de produire les mêmes dentelles. Les ouvrières belges, excellentes dans le travail aux fuseaux, y auraient sans doute réussi complètement, si les dessinateurs et les fabricants créateurs leur avaient préparé tout ce qui concourt à l'exécution d'une belle pièce; mais on employa des titres de fils de soie très fins, les grillés de ce fait étaient pauvres, trop clairs, sans ombres ni valeurs, le toucher de ces dentelles n'avait aucune consistance, elles étaient molles et floues. L'aspect était terne, à cause des soies communes généralement employées et qui sont des grenadines chargées de teinture sans aucun brillant.

On cite quelques comtés d'Angleterre où il a été fait des dentelles de soie noire étroites pour la consommations locale, mais aucun centre n'a pu rivaliser avec Bayeux, et les Anglais ont dénommé la dentelle de Chantilly « Dentelle française ». Le Puy a produit, de 1850 à 1870, des dentelles exécutées comme celle de Chantilly, mais sur le fond *chant* du point de Paris le plus souvent. Mais l'Auvergne n'a pu rivaliser avec le Calvados, à peine y a-t-on fait des médaillons que l'on insérait dans les volants de guipure de soie noire, pour en rehausser la valeur. Aujourd'hui, dans les guipures modernes, on introduit des effets de Chantilly en fil ou en soie, travaillés sur un gros réseau que l'on appelle filoche et qui fait opposition avec les fonds de brides, mais les ouvrières auvergnates ne semblent pas disposées à chercher l'idéal abstrait qui a régi autrefois le travail en Normandie.

Les perfectionnements de l'industrie mécanique calaisienne ont permis l'exécution de très belles dentelles. Cela pourrait faire craindre que jamais le véritable Chantilly ne reconquière la faveur de la mode; cependant l'exemple des vraies Valenciennes riches, dont on vend encore aujourd'hui des volants de trente centimètres de haut au prix de fabrique de deux cent cinquante francs le mètre, permet d'espérer que la dentelle de Chantilly mécanique ne tuera pas plus le Chantilly véritable, que la Valenciennes mécanique n'a tué la Valenciennes aux fuseaux. La blonde a été faite d'abord en soie écrue; on la fait surtout maintenant en blanc ou en noir, et actuellement c'est une dentelle composée de mats serrés, entourés d'un fil qui sertit le dessin ; ce dernier serait lourd sans les jours nombreux et grandement ouverts qui trouent les fleurages. Cette dentelle a des effets de soie riches et très chatoyants surtout aux lumières; quand elle est blanche les mats ont un brillant argenté des plus doux à l'œil.

Fig. 141.— Blonde de soie blanche aux fuseaux. (Grandeur naturelle.)

La blonde fut surtout fabriquée à Chantilly, à Bayeux, à Caen, où cette industrie était florissante. Dans la période qui s'est écoulée de 1740 à 1830, on lui donna le style qui lui convient le mieux et qui l'a classée définitivement parmi les dentelles aristocratiques. La blonde a fait fureur sous Napoléon Ier. De 1825 à 1845, l'industrie de la blonde a été des plus prospères, Caen, Bayeux et Chantilly y employaient la moitié de leurs ouvrières; à Bayeux on fabriquait pour plus d'un million de blonde par an.

On faisait aussi de la blonde au Puy en quantités considérables, mais dans les bas prix et elle était peu estimée à cause surtout des soies ordinaires employées par les fabricants. L'Espagne s'était mise à la fabrication de la blonde, et on dénomma cette dentelle blonde espagnole ou, souvent, blonde de Grenade, quoiqu'elle fût faite en Catalogne. On fabriquait en blonde des fichus, des mantilles, des écharpes. Ces dentelles se vendaient avec la faveur la plus marquée dans toute l'Espagne et en Amérique. A plusieurs reprises, mais surtout dans le courant du xviii° siècle, il s'est fait dans les différents centres de production des blondes agrémentées de cordonnet, de chenille ou même de fils d'or, quelquefois on a employé sans succès des soies de couleur dans les mats. On y adjoignait, vers la fin du xviii° siècle, des perles taillées dont les facettes recevaient et renvoyaient la lumière, alternant de brillants avec les effets de la soie.

Depuis 1870, Bayeux ne produit presque plus de blondes, l'imitation mécanique de cet article remplacera complètement la blonde aux fuseaux qui se relèvera difficilement de ce coup.

Dessin spécial de la dentelle de Chantilly. — Dans les anciennes dentelles de Chantilly, on remarque beaucoup de dessins à vases ou corbeilles fleuries.

Plus tard, on voit beaucoup de bouquets de roses mêlés à des ornements et agrémentés de fines fleurettes, des cascades ou retombées de gros pois qui semblent enfilés comme des perles.

Le dessinateur Madeleine a eu le premier l'idée de composer en entier les grands dessins pour dentelles de Chantilly. Jusqu'en 1840, ces dessins se faisaient par bandes de dix à douze centimètres de large, lesquelles étaient raccrochées les unes aux autres.

Madeleine créa des dessins *entiers* de pointes de châles et il obtint des compositions larges et détaillées qui ajoutèrent un prix nouveau à la valeur artistique des dentelles de Chantilly. Aujourd'hui la tâche du dessinateur appelé à faire des compositions destinées à la dentelle de Chantilly est facile. Il peut aborder à peu près franchement la reproduction de la nature, puisqu'il est possible d'obtenir aux fuseaux des mats ombrés presque aussi parfaitement qu'avec un pinceau. Il faut seulement garder à la dentelle Chantilly son caractère, c'est-à-dire respecter l'entourage des motifs par un fil et l'emploi des jours auxquels on donne le nom de *vitré, mariage* ou *cinq trous* (voir la figure du point mariage, page 208 du premier volume de cet ouvrage). Les bords des dentelles Chantilly doivent être faits d'ornements ou de fleurs d'aspect solide. Les fonds de tulle peuvent être agrémentés de pois.

Dessin spécial de la blonde. — Les dessins de la blonde sont simples et faciles, mais ils ont un caractère spécial dont on ne peut guère s'écarter sans risquer de produire des dentelles neutres.

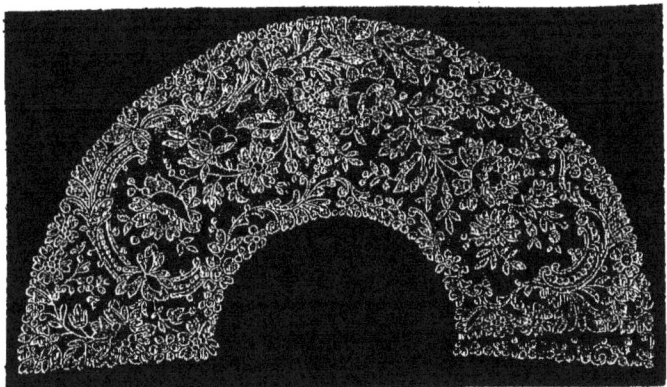

Fig. 142. — Éventail en blonde de soie blanche.

Les marguerites, les roses, les tulipes, les grosses fleurs en général accompagnées de leurs feuillages, sont les plus employées et celles qu'il faut choisir pour composer un dessin de blonde.

Les fleurs, les feuilles, les ornements, sont tous percés de trous assez ouverts, dans lesquels on introduit un jour en point mariage. Les bords de la blonde sont très approchants de la ligne horizontale.

Matériaux employés. — Le Chantilly est fait avec une soie spéciale appelée grenadine d'Alays, il est rarement fait en fil ou en coton.

Pour la blonde, deux soies sont employées, une fine pour le fond, une plus grosse et peu tordue pour les fleurs et ornements.

Exécution de la dentelle de Chantilly et de la blonde. — Les dentelles de Chantilly sont travaillées au point de grille pour les ornements. (Nous avons donné l'explication de ce point, page 207 du premier volume de cet ouvrage.) Les ombres et les lumières dans les dessins sont obtenues en serrant plus ou moins les points. Un cordonnet ou soie forte est enfermé dans le point qui forme le bord du dessin et il sertit les motifs. Les jours sont faits au point de mariage. Le fond des dentelles Chantilly est fait en tulle à mailles hexagonales (expliqué page 213 du premier volume de cet ouvrage).

Les dentelles de Chantilly sont travaillées sur un grand coussin plat, les grandes pièces sont faites d'un seul morceau, mais souvent on les fabrique par bandes où lanières minces travaillées séparément et comprenant, indifféremment, des parties de fleurs et de réseaux. Ces bandes sont ensuite réunies au moyen d'un point de raccroc imperceptible à l'œil. Dans les dentelles Chantilly faites à Bayeux, le fil de soie qui forme les nervures des feuilles est agrémenté d'un point clair qui allège beaucoup l'effet; dans celles faites en Belgique, à Grammont, le fil des nervures est simplement passé dans le point grillé ce qui les rend lourdes, étant donné que d'autre part le travail des ombres dégradées dans le point grillé est beaucoup moins bien rendu que dans les dentelles françaises. Les ornements et les fleurs de la blonde sont travaillés au point de toile (expliqué page 208 du premier volume de cet ouvrage). Le fond est fait du même tulle que celui des dentelles de Chantilly et les jours des fleurages sont également faits au point de mariage. La blonde se travaille par bandes comme le Chantilly, et quelquefois aussi d'une seule pièce.

DEVOIR DU DESSINATEUR

Dessiner une écharpe de Chantilly noir. Un éventail en blonde blanche.

DEVOIR DE LA DENTELLIÈRE. — ÉTUDES

Un échantillon de Chantilly noir, un échantillon de blonde blanche.

QUINZIÈME LEÇON

Valenciennes. — Bailleuil. — Ypres. — Malines. — Binche.

<small>(Voir les planches hors texte pages 133 et 143.)</small>

Historique. — La dentelle de Valenciennes a pris naissance dans le nord de la France, aux environs de la ville de ce nom. (Voir « Le Quesnoy », page 218 du premier volume de cet ouvrage.)

Au xviie et au xviiie siècle les meilleures dentellières de Valenciennes travaillaient dans des caves humides, afin de conserver au fil toute sa souplesse en lui évitant le contact de l'air qui le durcit légèrement et lui enlève la pureté de sa blancheur. L'atmosphère semblait avoir une grande influence sur la qualité des dentelles de Valenciennes, car on avait remarqué que celles fabriquées dans l'intérieur de la ville étaient plus belles que celles exécutées à la campagne avec le même fil et sur le même dessin.

Les premières valenciennes avaient des bords droits et des dessins simples, courant sur un fond sans réseau et plutôt à brides légères, et ces dessins étaient si mal compris qu'un nombre considérable de fuseaux (cinq à six cents) étaient nécessaires pour travailler sur une surface de trois pouces, c'est-à-dire dix centimètres.

La valenciennes émigra en Belgique, vers 1650, alors on appela vraie valenciennes ou éternelle celle faite dans la ville même, et fausses valenciennes ou bâtardes toutes celles faites aux environs, ailleurs, en France ou en Belgique.

On essaya du réseau avec deux fils très légers, souple et clair, mais la valenciennes fut généralement travaillée à quatre fils. Le fond était fait à bouclettes jusque vers 1750, puis il devint lourd et opaque, approchant de la maille ronde du gros fond de Chantilly, jusqu'en 1815 et 1825. Enfin le réseau carré fin et transparent sur lequel se découpent les mats du toilé fut adopté et conservé.

Les valenciennes du xviii° siècle se vendaient fort cher, elles étaient portées par tous les gens de qualité. Les hommes en garnissaient leurs jabots et leurs manchettes, les élégantes en ornaient leurs robes et leurs bonnets et on les retrouvait sur les robes de baptême. Des quantités de valenciennes furent fabriquées à cette époque, les beaux échantillons qui nous en restent demeurent le témoignage qu'il fut un siècle pendant lequel on ne marchandait pas le luxe des élégances artistiques et où on savait accorder le temps nécessaire à leur parfaite exécution.

L'*Album d'Archéologie religieuse* donne la photographie d'un des plus beaux spécimens existant de la valenciennes. C'est la garniture d'une aube que possédaient les Dames de la Visitation du Puy.

On s'abusa jusqu'au premier Empire, sur l'impossibilité de produire ailleurs qu'à Valenciennes, une dentelle qui exigeait tant de soins et d'habileté de la part des ouvrières. Cependant les dentellières belges s'assimilèrent si parfaitement sa fabrication, qu'elles remplacèrent presque complètement les nôtres et répandirent la valenciennes dans toutes les localités, depuis Menin jusqu'à Gand. On faisait déjà de la valenciennes dans toute la Flandre à la Révolution française.

Une différence dans le piquage des dessins a contribué à asseoir les progrès réalisés. Tandis que, en France, on piquait les dessins avant l'échantillonnage, en Belgique, les ouvrières échantillonnaient leur morceau type sur un dessin non piqué. En manœuvrant les fuseaux elles piquaient leurs épingles à la meilleure place et, de ce fait, elles produisaient simultanément l'échantillonnage et le piquage. Tous les deux servaient ensuite aux ouvrières ordinaires pour le travail suivi des dentelles.

Les plus remarquables pièces de valenciennes qui aient été produites anciennement étaient des barbes, des mouchoirs et des volants ne dépassant pas vingt centimètres. Les bonnets normands, bretons, vendéens et surtout ceux des grisettes de Toulouse, de Carcassonne et de Perpignan, sont restés longtemps garnis avec de superbes valenciennes à bords droits, d'une valeur dépassant cent francs le mètre. Cette branche de fabrication, qui rapportait à elle seule plusieurs millions de francs, aidait considérablement les habitants du pays qui la produisait. La valenciennes s'est toujours maintenue d'un prix élevé qui a ressenti faiblement les fluctuations de la mode. La production a rarement excédé la consommation, et la loi de l'offre et de la demande s'est constamment maintenue. La facilité avec laquelle se lave cette dentelle et son emploi préféré pour les trousseaux ont été deux des raisons de sa vogue constante. En résumé elle est demeurée une des plus belles produites par les fuseaux, sa fabrication n'a pas subi de transformations susceptibles de la dénaturer. Telle on l'a vue il y a deux cents ans, telle on la retrouve encore avec son aspect plat, sa blancheur mate, ses dessins simples et vieillots quelquefois charmants. Parmi les centres qui ont fabriqué la valenciennes avec succès il faut citer Ypres, qui n'a pas été dépassé pour la finesse et la régularité et qui a produit de grandes pièces ; Gand où la fabrication des grands fichus et des écharpes, voire même des robes, avait pris de l'extension au siècle dernier ; Courtrai et Menin pour les articles ordinaires. On a fabriqué, sous le nom de valenciennes de Brabant, des volants remarquables par leur large facture, leurs dessins harmonieusement conçus et exécutés, en vue de leur emploi, comme garnitures de robes d'intérieur, de peignoirs ou de jupons de soie.

On a fabriqué, à Armentières et à Bailleul, de la valenciennes dite fausse valenciennes, elle était de même exécution que la vraie, mais elle différait par sa qualité inférieure et la grosseur du fil, par les mailles qui étaient rondes, par le réseau épais et par le bord qui resta uniformément droit jusque vers le milieu du siècle dernier. Cependant son extrême solidité et la modicité de ses prix lui attiraient les achats des confectionneurs de lingerie et sa fabrication s'est maintenue avec des alternatives de hausse et de baisse durant le siècle dernier. Il faut reconnaître les difficultés économiques qui paralysent les efforts de la population ouvrière ainsi que ceux des patrons de cette contrée limitrophe de la Belgique, surtout depuis la dernière guerre franco-allemande de 1870. Les moyens de production sont identiques, les mœurs et les besoins également modestes chez ces populations des Flandres française et belge ; cependant la parité des salaires ne saurait exister sans condamner nos compatriotes à une gêne voisine de la misère.

Les impôts français, toujours croissants, pèsent d'autant plus lourdement sur les prix de revient qu'ils frappent des familles souvent chargées d'enfants.

L'exagération des impôts amène l'exagération des salaires et grève indirectement l'industrie locale qui s'est vu enlever, par la Belgique, la vente d'un produit dont elle vivait. Actuellement les pouvoirs publics s'efforcent de relever Bailleuil et lui consacrent des encouragements moraux et des subventions pécuniaires. Ces secours, intelligemment distribués, rencontrent malheureusement une force d'inertie de laquelle il faut espérer qu'une lutte patiente et ferme pourra triompher.

On a essayé de fabriquer de la valenciennes en soie noire sans succès et l'imitation qu'on a tenté de faire à la mécanique n'a pas beaucoup mieux réussi.

L'imitation mécanique de la valenciennes a été poursuivie avec acharnement à Nottingham et à Calais. Le métier de Malhère en a produit d'assez approchantes des vraies dentelles à la main. Mais on doit aux fabricants de Calais la plus parfaite imitation de valenciennes que le métier Leavers ait pu réaliser.

Dentelle de Binche. — La dentelle de Binche fut importée en Belgique, au xviie siècle, en même temps que celle de Valenciennes.

La finesse des dentelles de Binche, d'autrefois, était des plus remarquables ; elles semblaient avoir puisé l'inspiration de leurs dessins dans les points de Sedan, et leurs fonds *de neige* les caractérisaient d'une façon particulière (fig. 145). La fabrication de ce point merveilleux a disparu de la petite ville qui lui donna son nom ; on a fait des tentatives de restauration de cette dentelle en ces temps derniers, empruntant à la valenciennes et au point de Flandre une partie de leurs procédés. L'exécution des mats toilés est identique à celle des valenciennes et les jours se rapprochent du Trolle Kant (point de Flandre), mais ces essais n'ont pas été heureux.

Dentelle de Malines. — Les avis des auteurs diffèrent sur l'époque de son apparition. Les uns la font remonter à Charles Quint, les autres lui assignent comme date de son invention, le xviie siècle. Les dentelles de Malines, du début, ont pu rester confondues avec certaines dentelles de Binche ou de Lille. Les fonds à brides à points de neige aussi bien que les rinceaux des xvie et xviie siècles, ont maintenu l'indécision sur cette dentelle qui ne devait adopter qu'au xviiie siècle son fond de réseau vaporeux et ses dessins légers et ajourés qui, avec le fil

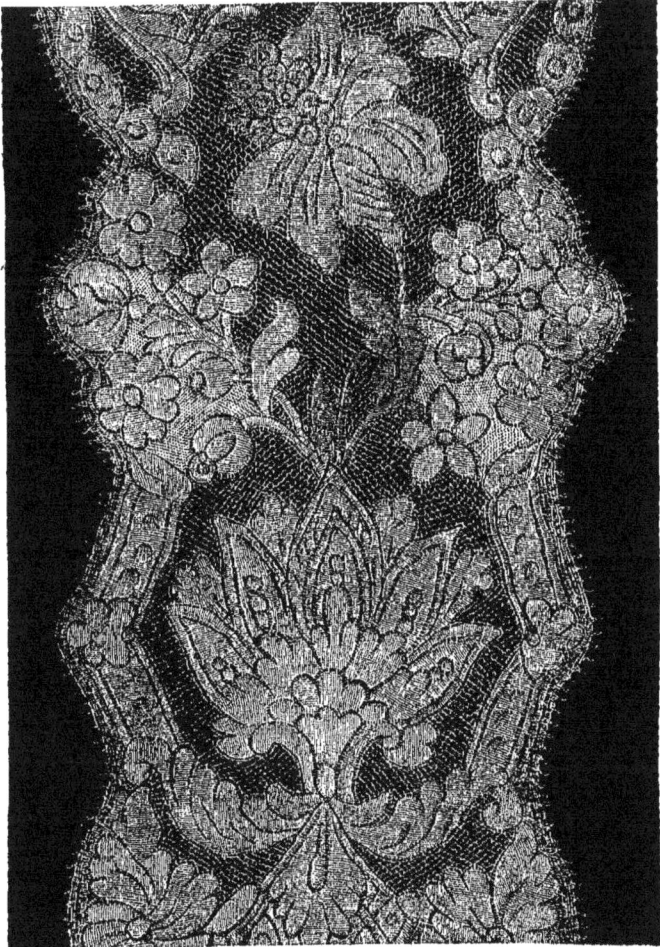

Fig. 144. — Barbe en Valenciennes. (Collection de M. Lescure.)

brodeur des entourages, sont restés sa caractéristique propre.

Son nom indique le pays où elle a vu le jour. Elle s'est développée dans sa contrée et nulle autre n'est parvenue à l'égaler. Elle a joui des plus hautes faveurs de la cour du roi Georges d'Angleterre, jusqu'en 1755. Elle était très appréciée en France sous Louis XV et sous la Régence. Napoléon Ier admirait beaucoup son travail.

La Malines fut souvent appelée broderie de Malines à cause du fil de lin brillant qui entoure les fleurs et les moindres semis. Retenu par les fils délicats du fond, il donne l'aspect d'une broderie ajoutée après coup. Ce fil a l'inconvénient de laisser subsister, après qu'il est coupé, une fine tige désagréable à l'œil, surtout dans les pois ou les fleurettes qu'il vient d'entourer. Cet inconvénient disparaît dans les motifs où le fil se continue sans section.

Le fond de réseau de la Malines est travaillé sans épingle d'attache au croisement des mailles, de là son irrégularité originale. C'est le plus joli et le plus souple de tous les fonds aux fuseaux.

Il semblerait exécuté en travers si on s'en rapportait à son aspect. La maille hexagonale se forme par deux fuseaux sur les côtés latéraux et par quatre fuseaux pour les autres côtés de l'hexagone. On ne fait presque plus de Malines. Il ne reste plus guère actuellement que des ouvrières de Turnhout qui exécutent encore des dentelles de ce genre.

Toutes les dentelles belges se vendent à l'aune comme celles de la Haute-Loire, avec cette différence que cette vieille mesure équivaut à 70 centimètres en Belgique tandis que, en France, elle vaut 1^{m}20. Mais la plus grande difficulté pour l'acheteur réside encore dans la monnaie flamande sans correspondance aucune avec la monnaie française. Il doit calculer constamment le rapport de l'aune au mètre et celui des sous, deniers, florins, avec notre franc et ses multiples. Le voisinage des frontières a toujours provoqué la fraude, aussi les habitants situés sur la zone la pratiquaient presque ouvertement. Ils dressaient des chiens au métier de contrebandiers; mais quoique ces animaux fussent doués d'une grande intelligence, ils tombaient quelquefois sous les balles des douaniers qui les guettaient.

Dessin spécial à la valenciennes. — Les premières valenciennes étaient à bords droits et à dessins simples. En général les compositions manquaient de variété, leur exécution restant limitée à des toilés mats d'égale force sans aucune opposition de grillés, ou de points à jours faisant des effets.

Par la suite, on a fait de beaux dessins fleuris, avec de fines nervures dans les toilés qui se détachent sur le joli fond à mailles carrées ; cependant les dents de la valenciennes sont restées assujetties à demeurer peu découpées. Les bords droits ont seuls le maintien nécessaire pour ne pas se recroqueviller au porter des dentelles ou au lavage.

Il a été créé depuis environ soixante-dix ans, une quantité de dessins de valenciennes nouveaux ; ce sont des grands ramages, des rinceaux et des bouquets qui ont remplacé les fleurettes, les branchages ou les semis des anciennes valenciennes. Cependant les types des vieilles dentelles sont encore de fabrication courante et demeurent très employés. Le dessinateur appelé à composer un dessin de valenciennes, doit étudier les vieux modèles pour conserver tout son caractère à la dentelle dont il veut créer un type nouveau.

Matériaux employés. — Les anciennes valenciennes étaient faites avec un fil de lin d'une grande finesse et d'un prix élevé. Le lin qui devait servir à filer ce fil était cultivé et préparé spécialement à cet effet. Vers 1825, le fil de lin fait à la main a été remplacé par du fil de coton fait à la mécanique, l'économie n'a guère dépassé sept à huit pour cent et la qualité de la valenciennes y a perdu bien davantage.

Exécution de la valenciennes. — La valenciennes est faite sur un coussin plat dont nous avons donné la figure page 197 du premier volume de cet ouvrage. Le fil étant très fin on emploie des fuseaux légers et droits de préférence. (Voir la figure, page 198 du premier volume.) Les dentellières qui font la valenciennes ont l'habitude de séparer leurs fuseaux à l'aide de longues épingles pour s'y reconnaître ; elles nouent par bottes tous les fuseaux qui ne leur servent pas dans le temps où elles travaillent et les mettent de côté sur le métier. Les valenciennes étant très longues à fabriquer, il y a des fuseaux qui ne servent pas pendant un certain temps, c'est ce qui explique cette habitude de les nouer par paquets pour les empêcher de s'embrouiller, car il y a presque toujours plusieurs centaines de fuseaux sur le métier pour une valenciennes d'une certaine importance. Les dessins de la valencienne sont exécutés au point de toile que nous avons expliqué page 205 du premier volume de cet ouvrage.

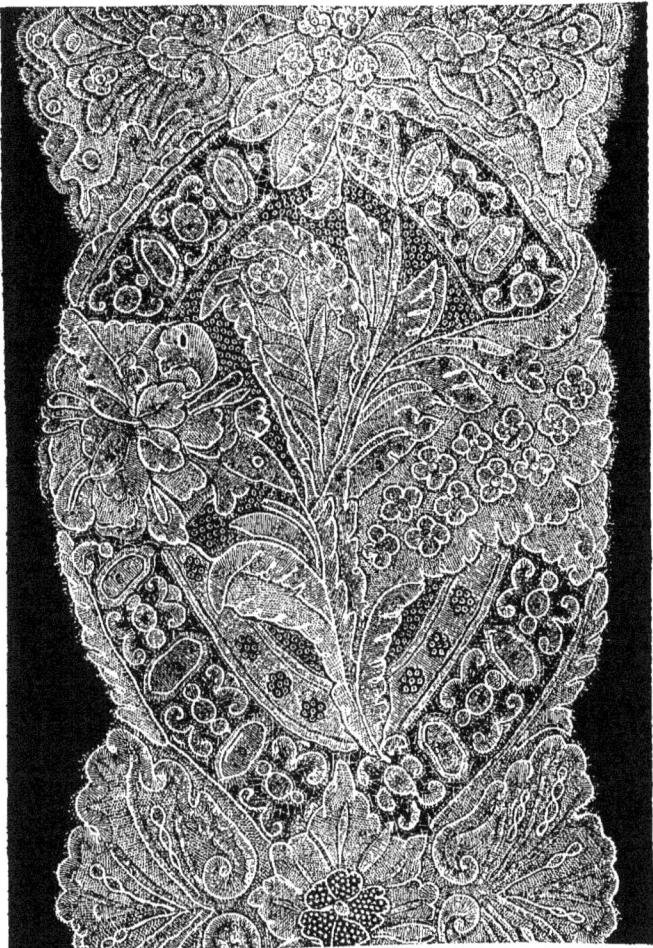

Fig. 145. — Dentelle de Binche. (Collection de M. Lescure.)

Les dessins sont entourés d'un point formant une petite rivière claire cernant la partie mate du toilé. Elle est obtenue par une torsion des fils au bout du rang toilé et par la pose d'une épingle. Les valenciennes sont faites à fond de mailles rondes ou de mailles carrées, ces dernières sont plutôt la caractéristique des valenciennes. (Voir la figure 171, 1ᵉʳ volume de cet ouvrage.)

La maille ronde des fonds ne se fait plus guère qu'à Bruges, elle est moins belle que la maille carrée et aussi moins transparente ; cela tient à ce que dans la maille ronde les fuseaux ne sont tordus que deux fois, au lieu que dans la maille carrée ils sont tordus quatre fois.

Les larges valenciennes sont fabriquées par bandes étroites qui sont raccrochées ensuite invisiblement les unes aux autres. Tout travail exécuté par plusieurs mains perd de sa valeur en raison de la différence, si peu apparente soit-elle, qui se manifeste entre le travail de deux ouvrières ; aussi une pièce exécutée par une seule personne a-t-elle un coefficient de valeur qui vient s'ajouter à sa valeur intrinsèque.

On fabrique les valenciennes actuelles dites de Brabant, en y employant la division de l'ouvrage des points de Flandre. Au lieu de faire le tout ensemble, les fleurs s'exécutent seules d'abord au point de toilé, puis le réseau est fait ensuite dans les intervalles. Ce procédé est surtout utile pour les grandes pièces qui seraient difficilement exécutables par bandes.

Nous ne nous étendrons pas spécialement sur le dessin ni sur l'exécution des dentelles de Binche et de Malines, la fabrication de ces dentelles étant presque perdue.

DEVOIR DU DESSINATEUR

Dessiner une barbe en valenciennes, dessiner un volant en valenciennes de Brabant, hauteur trente centimètres.

DEVOIR DE LA DENTELLIÈRE

La dentellière s'exercera à exécuter un entre-deux de valenciennes à dessin simple, et à faire des fleurs séparées qu'elle reliera ensuite entre elles par le fond à mailles carrées.

SEIZIÈME LEÇON

Guipures de Flandre : Duchesse, Bruges, Brabant, Point de Milan, Point de Gênes, Point de Raguse.

(Voir les planches hors texte pages 153 et 171.)

Historique. — Dès l'an 1595, il est question dans l'histoire des dentelles de Flandre, et c'est à cette même époque que Quentin Metsys a peint le portrait d'une jeune fille faisant de la dentelle aux fuseaux.

Les vieilles guipures flamandes sont d'une grande beauté ; à l'origine elles se composaient de larges rinceaux ayant presque toujours la même largeur dans tout leur développement et dont le dessin semblait formé par un lacet exécuté aux fuseaux, imitant la trame de la toile. Ce lacet était infléchi par la dentellière de manière à prendre la forme des feuilles, des fleurs ou des arabesques rattachées entre elles par des brides tressées.

Plus tard, les Flamands entreprirent de fabriquer des dentelles différentes de celles qu'on avait déjà faites, et dans lesquelles les dessins se détachaient toujours en mat sur un fond clair. Une grande importance fut donnée aux motifs toilés que séparaient à peine les uns des autres quelques traits formés par des points ajourés, dont les mats, d'un travail serré, employés pour les ornements et pour les fleurs s'assortissaient bien à l'élégance des grands cols plats à la mode des Flandres.

« La première dentellière flamande qui eut l'idée d'exécuter sur un coussin plat une fleur détachée, a écrit M. Ernest Lefébure, rendit un énorme service à son pays en créant un procédé de fabrication complètement nouveau et dont les conséquences ont été considérables par la suite. Mais la première fleur terminée, il fallait la rattacher aux autres fleurs ou aux ornements formant l'ensemble du dessin; ce furent d'abord des barrettes tressées et picotées qui complétèrent la guipure terminée. A partir de ce moment, les points de Flandre marquèrent un grand progrès dans la fabrication aux fuseaux et eurent un légitime succès. C'est dans le pays de Bruges que la fabrication des guipures aux fuseaux s'était spécialement fixée; les ouvrières de cette contrée exécutaient également, vers le xvii° siècle, des guipures plates à l'aiguille dont les dessins rappelaient les rinceaux classiques italiens. Elles savaient aussi insérer habilement des jours à l'aiguille dans les guipures faites aux fuseaux.

Le genre des points de Flandre a produit, au xviii° siècle, des garnitures d'aube d'une grande beauté, qui sont conservées dans les musées où dans les trésors des églises. Sans doute le caractère distinctif de ces dentelles est d'être plates; si on peut leur reprocher leur manque de relief,

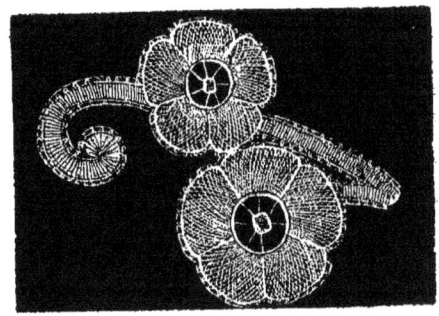

FIG. 146. — Fleur détachée exécutée aux fuseaux (Bruges).

en revanche elles sont d'une ampleur d'exécution qui est superbe.

Jusqu'à la mort de Mazarin, Louis XIV lui-même ne portait que des rabats en guipure aux fuseaux. Ce ne fut que plus tard qu'il s'éprit des points de Venise à l'aiguille et que, sous l'inspiration de Colbert, il songea à les faire reproduire en France.

Le point de Flandre où Trolle-Kant, exécuté actuellement en Belgique, est la reproduction des anciennes dentelles qui ont donné naissance à la Valenciennes; son aspect n'a plus rien de commun avec les vieilles guipures de Flandre que nous venons de décrire.

Duchesse. — La guipure Duchesse est une forme modernisée des anciennes guipures de Flandre. Peu à peu on arriva à fabriquer des dentelles avec du fil plus fin, à donner aux plats la forme découpée des fleurs, des feuilles et des tiges que l'on voulait représenter, puis on imagina de travailler avec un point clair (le point de grille) et on se mit à serrer ou à espacer les fils pour produire des lumières et des ombres, et à faire des ouvertures dans les parties mates pour les éclairer.

On suppose que le nom de Duchesse, qui a été donné à cette guipure,

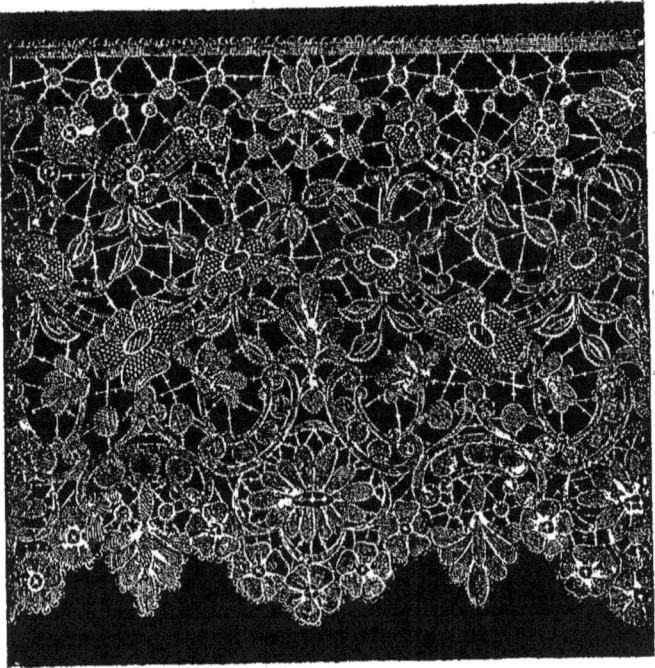

Fig. 147. — Volant Duchesse.

est venu de ce qu'on la jugeait digne d'être portée par les dames de la haute aristocratie.

Actuellement on fabrique de la Duchesse dans la région de Bruges et dans la région de Bruxelles. Celle qui est faite à Bruges est plus ordinaire de qualité, celle fabriquée aux environs de Bruxelles est plus fine, plus soignée d'exécution.

Le dessin aussi bien que la qualité de l'exécution permettent de distinguer la guipure Duchesse de celle de Bruges proprement dite. La première ressemblerait à des fleurs détachées destinées à être appliquées si, par sa contexture générale elle ne s'affirmait comme une dentelle parfaite. En outre de sa légèreté, la gracieuse découpure de ses feuilles, la variété et la délicatesse des formes de ses motifs, on distingue toujours cette guipure du Bruges par ses brides finement picotées, par le gros fil des nervures centrales, par les mélanges nombreux de point de gaze qui ont maintenu la valeur de la Duchesse et l'ont définitivement classée dans un rang supérieur au Bruges si fin qu'il soit.

Fig. 148. — Pan de cravate en Bruges.

La Duchesse est employée en éventails, mouchoirs, berthes, écharpes, volants, robes, etc. Au cours du siècle dernier, les États-Unis d'Amérique ont acheté des quantités de guipure Duchesse incrustée de point de gaze, c'est le plus harmonieux mélange de dentelle que l'on puisse obtenir. La Duchesse est généralement faite par de très bonnes ouvrières.

Bruges. — Il existe une légende qui place à Bruges le berceau des dentelles de la Flandre. Sans y ajouter foi absolument, on peut croire cependant que Bruges fut une des villes où l'on a fait très anciennement de la dentelle.

La guipure que l'on appelle *Bruges* est faites d'après les mêmes principes que la Duchesse. Le caractère du Bruges réside dans ses fleurs ou ornements reliés entre eux par de simples points de raccrocs ;

il en résulte que ces fleurs ou ornements, ramassés, collés, pour ainsi dire, les uns aux autres donnent au Bruges un aspect lourd et massif.

On emploie la guipure de Bruges pour des mouchoirs, des sous-cols, des cravates, des empiècements de chemise, des corsages, des robes, etc., etc. Elle se fabrique dans la Flandre occidentale, à Bruges, et dans tous les mêmes centres que la Duchesse.

L'emploi du coton a permis de maintenir le Bruges à des prix inférieurs, son exécution facile et le grand nombre d'ouvrières qui le produisent ont secondé le maintien des bas prix. Aussi est-ce une des dentelles pour robe dont la consommation ne se lasse jamais. Très répandue et vulgarisée par les catalogues des maisons de nouveautés qui en font un article de réclame, elle séduit le grand public par ses larges fleurs grillées, son blanc mat et sa souplesse retombante. Elle est aisément lavable, qualité appréciable pour la clientèle qui lui est attachée.

Les fleurs ainsi que les motifs d'ornement du Bruges deviennent légendaires, et on dit au masculin *le Bruges* alors qu'on dit au féminin *la Duchesse*.

Brabant. — Les églises du xv° siècle possèdent de précieux spécimens des dentelles que l'on a faites dans le Brabant à cette même époque. Il est impossible de fixer la date où la fabrication de la dentelle se transforma en industrie populaire dans cette contrée, mais dès la première moitié du xvi° siècle de nombreuses ouvrières s'y adonnaient déjà.

La dentelle actuelle nommée point de Brabant est une variété du point de Lille auquel elle se rattache par son réseau, tandis que les jours de ses dessins reproduisent le fond de l'ancien point de Paris.

Le point de Brabant actuel se confectionne à Louvain et à Turnhout où on l'emploie pour l'ameublement.

Point de Milan et Point de Gênes. — A mesure que le travail aux fuseaux se répandit dans les divers pays, chacun se l'assimila suivant ses aptitudes. En Italie, Milan et Gênes furent les deux villes où cette fabrication s'établit le plus largement. A Milan on s'appliqua surtout à répéter aux fuseaux les dispositions les plus simples des dentelles à l'aiguille gravées dans les livres de patrons; puis, petit à petit, les maîtresses habiles comme la Parasole, inventèrent des types originaux, marquant sur le dessin le nombre de fuseaux qu'on devait employer pour l'exécution.

Gênes imita au début les travaux de fil d'or venus de Chypre. Dans les points de Gênes et de Milan, le dessin était obtenu comme dans les dentelles de Flandre, par un lacet courant sur un fond à large réseau. L'analogie entre les points de Gênes et de Milan et ceux de Flandre est très grande, cependant, il est à remarquer que le réseau milanais était beaucoup plus beau et plus régulier que celui des guipures de Flandre. C'est seulement à partir du xviiie siècle, que l'on fit des fonds de réseau à mailles régulières dans les points de Gênes et de Milan (fig. 150).

Raguse. — La Grèce fabriqua peut-être avant Venise des dentelles à figures géométriques que les marchands italiens nommait *point de Raguse* ou dentelle de la Grèce. Au xviiie siècle il a été fortement question, pendant quelque temps, des points de Raguse. Quand Venise devint maîtresse en l'art des points, les dentelles de Grèce perdirent leur vogue mais leur fabrication ne cessa pas complètement. Aujourd'hui, on fait encore à Athènes et dans quelques parties de la Grèce des dentelles de soie blanche.

Dessin spécial aux points de Flandre, de Milan et de Gênes, au Bruges, à la Duchesse et au Brabant. — Pour les anciens points de Flandre, de Milan et de Gênes, le dessin a la même facture. Le dessinateur ne saurait y mêler son invention personnelle sans en changer le caractère; il doit s'inspirer des reproductions d'anciennes guipures de cette espèce ou de pièces conservées dans les musées, observant que l'originalité principale de ces genres est le *rinceau* rendu par un lacet de toilé mat assez souvent percé de petites ouvertures et présentant sur les côtés une petite engrelure.

Le dessin des dentelles Duchesse est composé de petites fleurs, de feuilles grillées et d'ornements légers agréablement mélangés.

Le dessinateur ne peut pas perdre de vue que ces fleurs et ornements devront être exécutés séparément et qu'ils doivent tous pouvoir facilement se raccrocher les uns aux autres. Les bords doivent être dentelés et combinés de manière que les motifs se touchent les uns les autres, tandis que, dans l'intérieur de la guipure, des vides doivent être ménagés pour l'introduction des brides destinées à relier les fleurs et les ornements. Des médaillons peuvent être réservés pour l'insertion des fleurettes en point à l'aiguille sur fond réseau gaze.

Dans les dessins des guipures de Bruges, les ornements ou fleurs

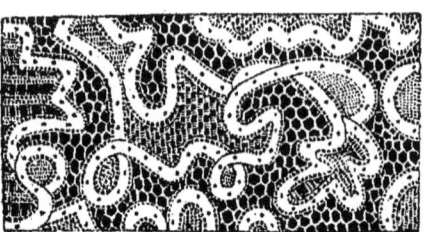

Fig. 150. — Point de Milan.

doivent être dessinés tout à fait rapprochés car ils ne seront rattachés que par des points de raccroc et sans brides. On devra toujours préparer son dessin en vue d'être exécuté avec un gros textile.

Les dessins du Brabant moderne doivent être inspirés des modèles où un fil contourne le dessin comme dans les anciens points de Lille ou de Paris.

Matériaux employés. — Les guipures de Flandre, les points de Milan et de Gênes étaient faits en fil de lin, le dernier a été fabriqué quelquefois en fil d'or.

La dentelle Duchesse, la dentelle de Bruges et les dentelles de Brabant sont faites le plus souvent en fil de coton.

Exécution. — Les points de Flandre, de Milan et de Gênes, les dentelles Duchesse et de Bruges sont exécutés par le principe du travail par morceaux séparés et reliés ensuite les uns aux autres par des brides ou des points de raccroc qui les réunissent. Les premiers sont travaillés avec un lacet fait au point de toile aux fuseaux, les derniers par fleurs ou ornements séparés. Le premier morceau achevé on le termine par un nœud, on coupe les fils des fuseaux, ensuite, on fait un deuxième motif qui est rattaché immédiatement au premier, pour cela, on se sert d'un petit crochet nommé guipoir. Ce petit instrument est à peu près semblable au crochet des brodeuses.

Les dentelles Duchesse et de Bruges communes demandent invariablement de douze à quatorze fuseaux; les points employés se bornent au point de toile, au point de grille et à la tresse à quatre pour les barrettes. Il est rare qu'on introduise dans ces dentelles, des jours obtenus par des

Fig. 151. — Exécution très agrandie du point de raccroc aux fuseaux.

points clairs. La pose des épingles se fait comme pour les points de dentelle ordinaires sur le contour du morceau exécuté ;mais, avec cette différence, qu'on les enfonce jusqu'à la tête dans le coussin du métier plat (voir la figure de ce métier, premier volume, page 146) employé pour la confection de ces guipures. Les épingles resteront ainsi placées jusqu'à ce que la dentelle soit complètement achevée. Alors seulement on les enlève. (Voir dans le premier volume, page 204, la manière de faire la tresse, le point de toile, le point de grille.)

Ci-contre, nous donnons la figure explicative pour exécuter le lacet aux fuseaux et faire le point de raccroc.

La figure de motifs de Bruges aidera également à bien comprendre la marche d'exécution de ce travail (fig. 146).

Pour l'exécution des dentelles de Brabant, il faut se reporter à ce que nous avons dit dans le premier volume concernant le point de Paris et le point de Lille.

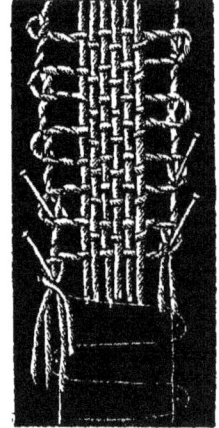

Fig. 152. — Exécution très agrandie d'un lacet aux fuseaux.

DEVOIR DU DESSINATEUR

Le dessinateur fera le dessin d'une berthe en point de Milan.

Le dessin d'un éventail en guipure Duchesse avec l'incrustation d'un oiseau en point à l'aiguille.

Le dessin d'un volant en Bruges.

DEVOIR DE LA DENTELLIÈRE

Etudier la manière d'exécuter les lacets aux fuseaux et la façon de les raccrocher.

Étudier les motifs de la Duchesse et ceux du Bruges.

DIX-SEPTIÈME LEÇON

Point d'Angleterre. — **Application de Bruxelles à l'aiguille et aux fuseaux.**

(Voir la planche hors texte, page 181.)

Historique. — L'Angleterre n'a fabriqué qu'un nombre restreint des dentelles qui ont porté son nom. Les marchands anglais importaient de la Belgique la majeure partie de sa production et ils sont allés jusqu'à recourir à la contrebande pour éviter les conséquences des édits prohibitifs du Parlement anglais, en maintenant leurs achats en Flandre. A peine entrées en Angleterre, les dentelles belges prenaient le chemin de l'étranger où elles étaient vendues sous le nom de point d'Angleterre. C'est la rigueur des édits royaux qui a fourni à l'ingéniosité des marchands de dentelle anglais, le stratagème qui a sauvé leur commerce. Pour couvrir la fraude, quelques-uns d'entre eux eurent l'idée de faire venir des dentellières flamandes en Angleterre; ils installèrent çà et là quelques centres d'ouvrières, on se mit à fabriquer de mauvaises imitations des belles dentelles de Flandre, et c'est sous le couvert de ces fabriques que l'on continuait à acheter en Flandre, la majeure partie des points d'Angleterre.

Vers 1650, on commença par substituer aux fonds à brides des guipures de Flandre, un fond à mailles régulières et enfin on adopta le fond à réseau. Au début, les points d'Angleterre furent exécutés *entièrement à l'aiguille*. Les fleurs étaient faites séparément, puis raccordées entre elles par un fond de réseau fait à l'aiguille également. Ce fut la première manière.

Au XVIIIe siècle on fit, en Flandre, des fleurs travaillées aux fuseaux, exécutées en fil très fin, que l'on appliquait sur du réseau fait séparément en fil de lin. Ce réseau était fabriqué par bandes étroites, on lui donnait le nom de Drochell : ce fut la deuxième manière.

Dans le même temps on insérait des points à l'aiguille dans les fleurs aux fuseaux, ou même, on mélangeait des fleurs entièrement à l'aiguille à celles aux fuseaux et on appliquait le tout sur le fond Drochell. Sous le règne de Louis XV, ce deuxième genre a joui de la faveur générale.

Vers 1830 on substitua le tulle mécanique au vrai réseau fait aux

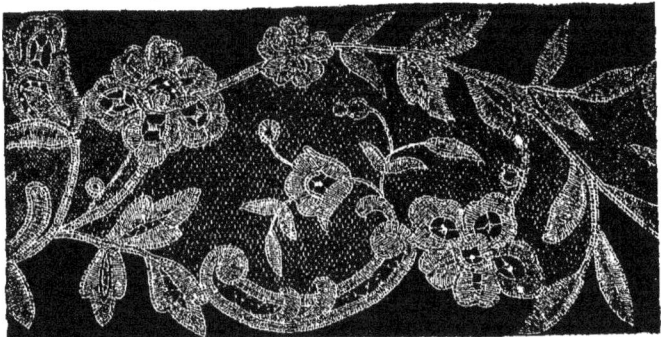

Fig. 153. — Application de Bruxelles.

fuseaux. C'est à partir de cette époque qu'on donna le nom d'*application de Bruxelles*, aux dentelles dont les fleurs sont faites aux fuseaux et *cousues* sur tulle mécanique et on conserva le nom de *point d'Angleterre* à des motifs faits à l'aiguille ou aux fuseaux et reliés entre eux par un réseau fin fait à la main.

Il convient d'insister pour bien établir la différence entre l'application d'Angleterre et l'application de Bruxelles modernes, car beaucoup de personnes désignent encore actuellement sous le nom d'application d'Angleterre, les motifs plats aux fuseaux cousus sur tulle mécanique, lesquels sont de l'application de Bruxelles.

L'application faite sur tulle mécanique, a favorisé la production des grandes pièces qu'on n'aurait pu exécuter sur fond de réseau aux fuseaux, à cause du prix de revient énorme que cela aurait représenté.

De nos jours l'application de Bruxelles est une des dentelles dont l'usage est le plus répandu et elle est aussi une des plus employées, malgré son utilisation restreinte à la toilette extérieure. Elle se fabrique en toutes qualités. Celles qui sont fines trouvent leur emploi dans la composition des corbeilles de mariage. Les jeunes épousées apprécient toujours cette dentelle à cause de son utilisation future, elle convient aux femmes de tous les âges, qui peuvent la porter en beaucoup de circonstances; on en confectionne des robes entières, des voiles de mariées, des châles, des écharpes, des cols, des berthes, des volants, des éventails, des garnitures de mouchoirs, etc.

Dans les qualités communes, la Belgique est descendue à une production si ordinaire, qu'on doit chercher son excuse dans les demandes des nombreux acheteurs désireux de bon marché. La volonté de lutter contre les applications renaissance de Luxeuil, en ajouterait une seconde très légitime!

Les fleurs aux fuseaux faites en gros coton, les motifs d'une exécution facile et peu coûteuse pour « petites mains » (1), sont appliqués sur un tulle souple et grossier, ils produisent cette dentelle, de qualité inférieure, dont l'effet ordinaire est atténué par sa couleur agréable.

L'application de Bruxelles a vu ses nuances varier avec la mode. Elle a été blanchie au blanc de céruse jusque vers 1880, pour nettoyer les parties des fleurs salies par le contact des mains des ouvrières et lui enlever le ton indécis qui aurait nui à sa vente. Ensuite, elle a été teinte dans le but de rappeler les tons laiteux que prennent les dentelles faites en fil de lin et en vieillissant. C'est de là que sont venues les appellations crème, beurre et ocre.

Teindre des dentelles et leur donner un aspect ancien, est devenu un travail qui peut procurer un gain assuré aux personnes habiles et expertes en cet artifice.

L'apprêt ferme était demandé autrefois pour les dentelles en applications de Bruxelles; aujourd'hui, et selon l'emploi auquel elles sont destinées, cet apprêt doit être ferme, soutenu ou souple. Ce dernier est le genre préféré actuellement.

Autrefois, à Lille, en France, on a fait de l'application; sous Louis XV on en a fabriqué dans les manufactures royales établies à Paris et à Aurillac.

(1) Travail à bon marché exécuté par des personnes peu habiles.

En 1870 et en 1875, Mirecourt a produit des applications dénommées : *Application de Mirecourt*. Elles remplaçaient celles de Belgique sans en avoir la finesse, quoique obtenues par le même travail aux fuseaux. Le dessin en était banal et ni l'aspect ni le toucher ne valaient les dentelles belges. Les toilés, plus clairs, étaient entourés

Fig. 154. — Application de Bruxelles agrandie.

de minces bourdons, durs, mal adhérents, qui produisaient un ensemble cotonneux que les picots grêles, soulevés et toujours semblables, ravalaient aux dentelles communes. Cependant, telle était la vogue de l'application de Bruxelles à cette époque, que les fabricants belges vinrent en acheter à Mirecourt pour leur exportation.

En **Angleterre**, à Honiton dans le Devonshire, on a fabriqué longtemps des guipures qui avaient le caractère de celles de Flandre, à grands dessins courants, reliés sur un fond à brides. Puis on y a fait de l'application sur réseau. Au xviii° siècle, on y fabriquait du réseau aux fuseaux.

Pendant une vingtaine d'années, la dentelle d'Honiton a traversé une période malheureuse durant laquelle les fabricants adoptèrent un genre de dessin complètement dépourvu de sens artistique. On revint cependant aux dessins primitifs, tirés de la flore, mais on continua si peu ce genre de dentelle, qu'au moment du mariage de la reine Victoria on eut peine à trouver les ouvrières nécessaires pour faire sa robe de noce. Puis la guipure à fond de brides à picots, a remplacé l'application d'Honiton, qui ne pouvait lutter avec celle de Belgique.

On fonda en 1829, à Limerick, en Irlande, une fabrique de dentelles ; au début, on y brodait au tambour sur tulle mécanique de Nottingham. En 1846, on y fit de l'application et ce genre de travail y devint rapidement remarquable. Cependant, il faut reconnaître que, malgré les tentatives faites en France et en Angleterre, la Belgique est restée sans rivale pour la fabrication de l'application de Bruxelles.

Dessin spécial à l'application. — Au début, les dessins de l'application d'Angleterre ont été assez souvent insignifiants. Ils se composaient de quelques branchages légers jetés sur le fond de réseau mais, par la suite au contraire, ils sont devenus d'une grâce parfaite à laquelle la finesse de l'exécution s'alliait avec celle des textiles et l'heureuse simplicité des compositions. C'étaient des bouquets dont certaines fleurs s'échappaient en branches fines et délicates, incrustées dans des réseaux de différentes grosseurs invisiblement reliés entre eux. Les mats aux toilés ombrés fortement par l'accumulation des fils, allaient en diminuant jusqu'à se perdre parmi les jours qui formaient souvent les nervures des feuilles. Dans l'application de Bruxelles moderne, on peut admirer les effets de grandes fleurs, de plantes à feuillages de toutes sortes, de roses, d'iris, de tulipes, de pivoines, mélangées aux branchages fins et délicats, qui les accompagnent agréablement et que les fuseaux, arrivent à reproduire avec un naturel parfait.

Les styles anciens peuvent fournir au dessin d'application des motifs dont l'emprunt donne des compositions d'une grande richesse. Le style moderne y trouvera son emploi également et donnera des effets d'un genre nouveau, particulier. Le dessinateur n'a donc que l'embarras du choix des sujets pour les compositions de l'application de Bruxelles, il ne devra jamais perdre de vue, cependant, que les motifs sont destinés à être exécutés par parties séparées et que, malgré cela, l'ensemble doit bien se tenir et former un tout complet, harmonieux, lorsqu'on coudra les motifs sur le tulle.

Matériaux employés. — On ne peut s'étonner des succès obtenus par la Flandre dans les genres les plus variés, quand on pénètre dans l'examen des détails préliminaires, si minutieux et si ordonnés, qui ont concouru assurément à fixer le résultat final.

Les lins destinés à fournir les fils à dentelle étaient cultivés d'après une méthode *ad hoc* dans le Brabant et la Flandre, depuis Tournai jusqu'à Hal et Rebec. Leur rouissage était soumis à l'action des

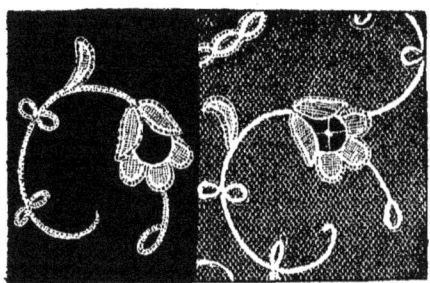

Fig. 155. — (1) Fleur détachée fabriquée aux fuseaux pour dentelle application. — (2) La même fleur appliquée sur tulle mécanique.

eau de la Lys, le décorticage s'accomplissait dans les belles prairies qui la bordent, le filage s'opérait dans des sous-sols pour éviter la sécheresse de l'air et tempérer l'action de la lumière. Le retordage à la main ne laissait échapper aucun *bouchon* et éliminait les nœuds faisant saillie. Le titrage était seul laissé à l'appareil mécanique.

La souplesse et le moelleux, joints à la nuance légèrement crème, rendaient ces fils propres à l'exécution des plus fines dentelles, ils contribuèrent en grande partie au succès des premiers points d'Angleterre. Ce fil atteignait un prix très élevé puisqu'il dépassait quelquefois dix mille francs le kilo.

On filait au titre 200, 300 et 400, on a même atteint le chiffre 800, qui représentait la grosseur des cheveux les plus fins.

La fabrication actuelle de l'application emploie des fils de coton du titre très fin pour les beaux articles; moyen et gros pour ceux ordinaires. On se sert des tulles fabriqués à Bruxelles pour appliquer les motifs faits aux fuseaux. On fabrique également de ces tulles à Nottingham, en Angleterre.

Exécution des dentelles en applications. — Les fleurs et ornements des dentelles en applications sont faits aux fuseaux sur un métier plat et rond dont nous avons donné la figure, page 198 du premier volume de cet ouvrage. Les fuseaux pour le travail de l'application sont généralement peu nombreux, mais ils doivent pouvoir évoluer en tous sens, c'est pourquoi il est indispensable de se servir d'un métier spécial. Ce métier peut être monté à pivot, ou bien il n'est pas monté, et la dentellière l'appuie sur un chevalet ou le pose sur une table et le tourne devant elle, suivant qu'elle a besoin d'amener directement sous ses doigts une partie ou l'autre du travail. Pour éviter que la poussière ne salisse le travail en train, la dentellière recouvre d'un papier bleu toute la partie terminée, ne laissant à jour, dans une ouverture pratiquée dans le papier, que la partie à laquelle elle travaille. Les fuseaux doivent être légers et droits (voir la figure de ces fuseaux, page 198 du 1ᵉʳ vol. de cet ouvrage), de façon à ce que leur poids ne puisse faire casser les fils si minces dont on se sert.

Les motifs sont travaillés au point de toile (déjà décrit dans le 1ᵉʳ vol.) et entourés d'un mince cordonnet, comme nous le montre la figure que nous donnons, page 217, d'un motif ornement et fleur pour application très agrandi, et qui fera comprendre la marche du travail. Nous prions le lecteur de se reporter également à l'explication donnée à la page 213 de la leçon précédente, expliquant la manière de faire *un lacet* aux fuseaux et celle de faire le point de raccroc, explications qui donneront clairement la marche à suivre.

En Belgique on nomme *plat* les motifs destinés à être appliqués.

On insère des jours aux fuseaux et à l'aiguille dans l'intérieur des motifs. Les premiers se font en travaillant le motif; pour les seconds, on laisse un vide dans le travail aux fuseaux et on remplit ce vide avec des jours à l'aiguille qui sont les mêmes que ceux employés pour la dentelle d'Alençon. (Voir page 160 du 1ᵉʳ vol.)

Lorsque les motifs aux fuseaux sont terminés on les coud sur le tulle. Pour cela, on tend soigneusement le tulle, on y applique les motifs bien en place en les fixant à l'aide d'un long point de feston qui prend le tulle et l'engrelure qui entoure tous les motifs. Ce large feston étant exécuté en fil très fin est invincible.

Lorsqu'il s'agit d'un volant on coud un pied en lacet mécanique à la dentelle. On découpe le tulle du fond sous les points à jours faits à l'aiguille ou aux fuseaux pour qu'ils apparaissent à *clair*. Les fleurs *à l'aiguille* sont quelquefois agréablement mélangées aux motifs aux fuseaux et produisent des variétés dans les effets qui sont très heureux. Pour plus de clarté nous répétons que le point d'Angleterre actuel est exécuté à l'aide de motifs aux fuseaux comme ceux de l'application de Bruxelles, ils sont insérés ensuite dans un réseau fait à l'aiguille.

On retrouve une certaine analogie entre l'exécution de la dentelle ancienne, dite Angleterre, et le point gaze pour les opérations de jointage, de raccordage et de finissage.

On employait souvent autrefois et on emploie encore des réseaux de plusieurs grosseurs dans l'application. Jadis, les mailles à différents écarts étaient toujours parfaitement raboutées ; cette couture s'appelait point d'assemblage ou point de *raccroc* lorsqu'il s'opérait dans le sens longitudinal, et *aponce* ou *raboutage* lorsqu'il s'agissait de joindre des réseaux fins sans que l'on pût découvrir l'endroit où la jointure était opérée. Peu d'ouvrières y excellaient, on les nommait *jointeuses*.

Aujourd'hui le tulle mécanique rend impossible le moindre assemblage sans laisser une trace et, à plus forte raison, le moindre raccommodage dans le tulle.

DEVOIR DU DESSINATEUR

Composer le dessin d'une robe en application de Bruxelles avec jours à l'aiguille.

DEVOIR DE LA DENTELLIÈRE

La dentellière s'exercera à faire des fleurs, des ornements aux fuseaux détachés, elle y introduira des jours à l'aiguille et coudra l'application sur le tulle.

DIX-HUITIÈME LEÇON

Russie. — Bohême. — Barcelone. — Portugal.

Russie. — En Russie, l'industrie de la dentelle remonte à cent cinquante ans dans le district de Nijni-Novogorod. Dans certaines contrées de ce district, toutes les femmes font de la dentelle, c'est le cas de la ville de Balaka.

La guipure russe se fait en fil ou en coton blanc ; elle se fabrique aux fuseaux sur des métiers analogues à ceux de l'Auvergne.

Les dessins des dentelles de Nijni-Novogorod se ressemblent tous par leur caractère oriental très prononcé : ils se composent de rubans mats d'égale largeur, cernés d'un petit jour de chaque côté et reliés entre eux par un fond à cordes de quatre ou parfois de deux fuseaux. Des étoiles légères, en amande, point d'esprit sont logées tantôt au centre des ornements principaux, tantôt en plein fond dans une boucle du lacet. L'ornement seul constitue le dessin caractéristique qui marque bien son origine byzantine (fig. 156).

Cette dentelle présente la plus grande solidité, elle s'utilise pour garnir du gros linge lavable ; ses bords peu découpés et sans picots la désignent pour cet usage. On a voulu exécuter ce genre de guipure à Mirecourt et on y a parfaitement réussi. L'Auvergne a tenté également cette imitation sans atteindre la perfection obtenue à Mirecourt.

La guipure russe fut en vogue en France de 1875 à 1880.

Suède. — La tradition fait remonter à 1335 la fabrication de la dentelle en Suède. De 1604 à 1611, l'usage en était déjà répandu dans la population.

Les Suédoises fabriquent actuellement une sorte de fine guipure, elles font aussi du point coupé.

Bohême. — L'industrie de la dentelle est florissante en Bohême. Au début du XIX° siècle, soixante mille hommes, femmes et enfants y faisaient un travail aux fuseaux qui rappelait l'ancienne dentelle de Venise. Vers 1870, une crise sociale terrible menaça les ouvrières dentellières de ce pays : les mineurs sans ouvrage s'étant mis à fabriquer des dentelles pour subvenir aux besoins de leur existence qui n'étaient plus assurés par l'exercice de leur métier habituel, les salaires des dentellières diminuèrent et le niveau artistique s'abaissa rapidement. On s'émut en Autriche de cette situation ; des comités de

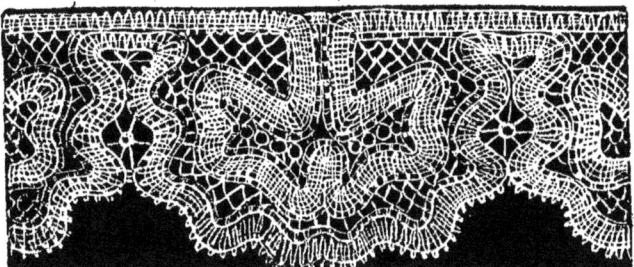

Fig. 156. — Dentelle russe.

patronage, la Chambre de commerce de Prague et l'aristocratie viennoise s'efforcèrent de fonder des écoles d'apprentissage et de former une sorte de ligue pour l'achat régulier des dentelles ; l'impératrice prit la tête du mouvement et fit des commandes personnelles, des écoles professionnelles furent fondées, le gouvernement institua une école d'art pour l'apprentissage technique des dentelles aux fuseaux et à l'aiguille. Plusieurs points, entre autres le point gaze y furent enseignés, et n'ont pas cessé d'y être fabriqués. Les résultats dépassèrent toutes les espérances ; l'industrie de la dentelle, patronnée par la cour et l'aristocratie qui se fait un honneur de ne porter que des dentelles *nationales*, est florissante en Bohême.

Séville, Barcelone. — A Séville, à Barcelone, un peu à Valence, on fait encore des dentelles d'or, mais elles n'ont plus la richesse de celles qui furent si renommées dès le XVI° siècle.

Portugal. — L'ancienne dentelle de Portugal était un point à l'aiguille analogue à celui de Venise. Les lois somptuaires de 1749 éteignirent l'industrie dentellière de ce pays. En 1755, on y fonda à nouveau d'importantes fabriques de dentelle ; elles ont continué faiblement la production des guipures en coton aux fuseaux. Les points à l'aiguille y sont perpétués dans les couvents seulement pour l'entretien des toilettes des madones.

Les îles Ioniennes fabriquent encore quelques dentelles grecques en fil blanc.

Les îles de Rhodes, de Chypre et de Crète ont produit, au xv° siècle, des points coupés, des dentelles d'or, des points à l'aiguille et des guipures de soie. Aujourd'hui, les femmes de l'île de Rhodes font des dentelles qui ressemblent au point coupé.

A Malte on faisait, autrefois, une dentelle ressemblant en moins fin à la valenciennes et à la malines. Maintenant la dentelle de Malte a perdu son caractère, elle est devenue une sorte de guipure dans le genre de l'ancienne dentelle grecque.

L'île de Madère, le Mexique, le Canada, le Chili, le Brésil font quelques dentelles rappelant le point de Lille et les points torchons.

A Ceylan, la dentelle est la seule occupation manuelle des femmes. Les produits de ce pays ont une analogie avec ceux de Malte.

A Ténériffe et au Paraguay, on a fait de la dentelle d'une finesse extraordinaire qui ressemble à des toiles d'araignées, avec des fils d'aloès et autres plantes indigènes, d'une blancheur éclatante.

Une faveur aussi courte qu'injustifiée a rendu populaires les guipures de Ténériffe et du Paraguay, à dessin de rosaces coupés de légères amandes en point d'esprit; mais ni le goût, ni la solidité ne les recommandaient au public français élégant.

Ces différentes dentelles, dont nous avons fait l'énumération pour l'instruction des lecteurs, ne sauraient être l'objet de devoirs ni pour le dessinateur, ni pour la dentellière.

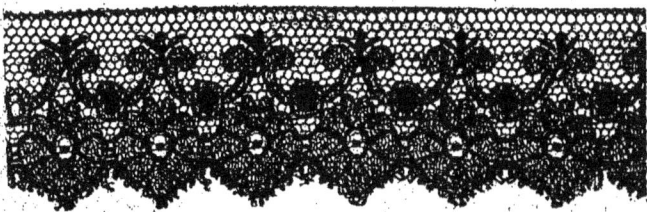

DIX-NEUVIÈME LEÇON

Les tulles et les dentelles mécaniques.

(Voir les planches hors texte, pages 191, 209 et 227.)

Historique. — Les premières recherches touchant l'invention du tulle à la mécanique ont été faites vers 1775; à cette même époque des publications telles que : « Le tableau de Paris » informaient le public que plus de cent mille ouvrières en France fabriquaient aux fuseaux du tulle uni qui se vendait très cher. Les industriels, séduits par l'appât du gain, eurent vite fait de devenir d'ingénieux inventeurs. C'est du métier à bas, en usage à Nottingham et à Nîmes, que sont partis les premiers essais; des emprunts furent faits aussi aux principes de fabrication des anciens métiers à tisser, dont les fils de chaîne sont traversés par la navette chargée des fils de trame, mais il s'agissait d'appliquer ces procédés à la fabrication d'un tissu extrêmement délicat : le tulle.

A Nîmes, on échoua, manquant de l'outillage nécessaire. Des débuts plus heureux devaient conduire Nottingham à la gloire de la réussite. La lutte fut acharnée contre l'introduction des premières machines en France; cependant Calais devint la cité d'implantation de cette industrie qui, depuis, y a été élevée, à travers de nombreuses vicissitudes, à un degré de perfection si remarquable. La période difficile dura de 1780 à 1840. Après d'intelligents efforts soutenus par de successifs progrès, des mécaniciens anglais découvrirent, en même temps que des ingénieurs français, le moyen de produire le réseau de tulle.

Sur ces tulles on brodait ensuite à la main des dessins se rapprochant de ceux des dentelles ordinaires d'Arras ou de Lille, moins les jours.

En 1808, Heathcoat fixa définitivement le mode de travail de la chaîne dans le sens vertical et de la trame dans le sens horizontal par l'invention de son métier Bobin. Ce nom de Bobin est venu des bobines sur lesquelles se dévide le fil de trame qui sert à former le réseau.

En 1814, les Leaver père, fils et neveu inventèrent leur système, constamment amélioré dans la suite et devenu, par l'adaptation du Jacquard, résolue en 1834 par Fergusson, le type des meilleurs métiers à tulle et à dentelle.

Jusqu'en 1825, toutes les pièces composant le bâti et l'intérieur des métiers étaient importées de Nottingham. Vers cette époque elles furent construites à Calais. Cependant les constructeurs français n'ont jamais atteint le degré de perfection de leurs concurrents pour l'intérieur des métiers Leaver. Aujourd'hui, Nottingham a le monopole incontesté pour la construction des métiers à dentelle.

En 1825, la longueur des métiers variait de 56 à 60 pouces; en 1906, elle atteint 160 pouces.

Dès l'adjonction du Jacquard on a dû développer et fortifier les assises des charpentes de fer qui supportent les innombrables pièces de l'intérieur d'un métier.

Parmi les inventeurs, Jacquard reste celui qui a doté le machinisme français de l'instrument le plus perfectionné. Les visées dominantes des inventeurs ont toujours été d'améliorer l'outillage intérieur en simplifiant les actions mécaniques, d'augmenter la puissance productrice des machines, de perfectionner la beauté des produits et d'alléger le travail de l'ouvrier.

Malgré leur importance, les transformations qui ont marqué la deuxième moitié du XIXe siècle, dans l'industrie dentellière, constituent plutôt des perfectionnements que des inventions.

Les statistiques montrent combien les constructeurs ont été encouragés par les achats des fabricants avides de posséder un matériel perfectionné.

A Calais et à Saint-Pierre il existait en 1834, 514 métiers; en 1879 il y en avait 1550 et en 1889, 1916, dont la valeur estimée la dernière année s'élevait à 30 millions de francs. La production atteignait près de 120 millions par an, de 1879 à 1883, dans ces seules localités.

Dessin spécial aux métiers à tulle et à dentelles. Mise en carte.

— Aux progrès mécaniques succédaient les progrès artistiques des fabricants presque tous dessinateurs ou chefs d'atelier, et c'est aux habiles metteurs en carte que la fabrication de la dentelle mécanique doit ses légitimes succès. Des dessins spéciaux sont nécessaires pour le métier Leaver qui, par sa construction, les astreint, comme le métier suisse, à des conditions particulières.

La plupart des dessins émanent de Paris, soit que les fabricants viennent les y acheter, soit que les dessinateurs parisiens aillent les vendre au pays de fabrication, mais la véritable science consiste dans le travail du metteur en carte, obligé d'approprier l'idée au système et à la puissance du métier. Il doit connaître le mécanisme intérieur de chaque métier, et la difficulté de reproduire le dessin se double, pour lui, des différentes mécaniques sur lesquelles il doit opérer. Les métiers diffèrent presque tous entre eux par le montage, l'intérieur, le Jacquard ou le système général.

Certains dessinateurs se spécialisent dans les petites valenciennes et les malines qui s'exécutent à barres indépendantes. D'autres s'adonnent aux fines barres. Pour les petites largeurs un petit nombre de barres suffit, mais pour les volants de 15 à 30 centimètres, ils nécessitent un grand nombre de fils déterminant eux-mêmes le nombre de barres correspondantes. La mise en carte d'un dessin est une œuvre réfléchie dont l'élucubration dure plusieurs semaines. Le dessin de mise en carte se fait sur papier quadrillé, puis il est traduit en chiffres correspondants aux barres du métier. Cette mise en carte est ensuite remise au perceur de cartons qui, d'après les chiffres transperce de trous ronds les cartes dans lesquelles les aiguilles (*droppeuses*) du métier Jacquard viendront s'enfoncer. On a percé à la main jusqu'en 1885, depuis on perce à l'aide d'un piano à vapeur.

Les jeux de cartons percés sont assemblés par de solides ficelles et assujettis au Jacquard, leur action dirige les barres du métier.

Matériaux employés. — Les matières premières ont pris de l'importance depuis que la haute filature s'est ingéniée à filer les textiles les plus propres à la fabrication des dentelles mécaniques, tant pour la composition des brins que pour leur grosseur, leur nombre et leur torsion plus ou moins montée, ainsi qu'à les teindre et les apprêter.

Les fils de coton et les soies sont longtemps venus d'Angleterre, en 1859 les filateurs du Gard ont vendu leurs soies grèges que l'on a employées avec succès, mais les soies ouvrées de Chine, du Japon et même les bourres de soie sont tirées d'Angleterre.

Toutes les matières textiles ont été utilisées pour la recherche des nouveautés; la laine passe péniblement dans les barres qui la coupent. Les métaux usent et abîment les intérieurs des métiers. Les fils de soie et de coton sont ceux qui conviennent le mieux à une fabrication rapide, exigeant la souplesse, l'élasticité et la ténacité.

Exécution. — Pendant que le dessinateur prépare sa carte, le *wappeur* habille le métier destiné à l'exécution du dessin. L'habillage consiste à garnir le métier des matières nécessaires à la fabrication. On introduit à la base du métier le gros rouleau de chaîne et les petits rouleaux chargés des matières préparées à l'atelier du *wappage*. Ces rouleaux sont en fer blanc creux. Le rouleau de chaîne a la longueur du métier, il porte vingt à trente mille fils; les petits rouleaux reçoivent les fils de guimpe et les fils brodeurs. Ces milliers de fils sont passés un à un dans les petites ouvertures pratiquées dans les barres, et vont de bas en haut s'attacher fortement à un gros rouleau supérieur autour duquel la pièce fabriquée viendra s'enrouler à mesure de son exécution. Cette opération se nomme passage de chaîne, elle dure une semaine ou deux, en moyenne. La barre est une plaque d'acier laminée de l'épaisseur d'une feuille de papier, elle porte des divisions mathématiques et elle est percée de petits trous nommés *gates* (portes). Elle a la longueur du métier y compris celle du Jacquard, soit : 160 pouces de long sur 15 à 20 millimètres de large.

On distingue les barres de fond et les fines barres. Les premières comme leur nom l'indique, concourent au travail du fond. Les deuxièmes, actionnées par les cartons du Jacquard reproduisent les détails du dessin, les mats, les grillés, les toilés, les nervures et les jours.

La trame est fournie par le fil des bobines, ces dernières sont de petites pièces rondes et plates de 5 à 8 centimètres de diamètre. Elles sont formées de deux lamelles de cuivre soudées au centre, entre lesquelles est dévidé le textile. Elles sont logées dans des plaquettes d'acier nommées chariots où elles opèrent un mouvement giratoire déterminé par la traction du fil. Les chariots sont de forme triangulaire à base élargie par le sabot véhiculant la bobine et remplaçant la navette du métier à tisser. Enchassés dans d'étroites rainures nommées *combs* (peignes) ils se meuvent transversalement, oscillant comme autant de pendules et parcourant autour de l'axe central un arc de 20 à 30 centimètres, entraînés par des crampons longitudinaux nommés *cach-barres*, placés à l'avant et à l'arrière des métiers au-dessus des barres.

Chaque métier possède un double jeu de bobines et de chariots, ce qui permet le remontage, c'est-à-dire, le remplacement des bobines vides par des bobines pleines sans l'obligation d'un arrêt plus long qu'il ne le faut pour le jeu des chariots et le remontage des fils.

Le mouvement des barres dépend du Jacquard, les cartons soulèvent ou laissent retomber, dans leurs trous, des tiges nommées droppeuses qui commandent les barres et leur font accomplir un imperceptible mouvement de va-et-vient provoqué en sens inverse par de forts ressorts à boudin qui rattachent les barres à l'extrémité opposée de la machine. A chaque mouvement du métier, la barre place des fils au point de rencontre voulu avec les fils de bobine et produit un enlacement de la chaîne et de la trame, cela s'appelle une *motion*. Une seconde motion opère un croisement et commence la formation d'une treille. Plusieurs motions achèvent la maille. Après chaque mouvement, un fort peigne s'abaisse; ses pointes s'emparent de la portion du travail qui est faite, l'élèvent et la fixent fortement auprès de celle déjà fabriquée.

On fabrique d'abord le fond de tulle que l'on corrige jusqu'à régularité parfaite, puis le dessin entier dont la correction exige parfois plusieurs jours, selon l'habileté du metteur en carte qui l'a préparé. Alors seulement commence la fabrication définitive par la mise en route du métier pourvu de tous ses moyens. La perfection de l'opération dépend alors de l'ouvrier surveillé par un contre-maître.

A la gauche du métier, à la partie supérieure, existe une roue dentée soumise aux mouvements de la machine et aux difficultés du dessin, elle détermine le travail accompli et fixe le salaire de l'ouvrier par le nombre de *racks* exécutés. Le rack est une mesure anglaise en rapport avec le rendement. Les qualités ordinaires exigent moins de motions pour un long rendement. Les qualités fines comportent plus de motions pour un court rendement. Le prix du rack est par conséquent plus élevé pour un rendement fin que pour un long rendement parce que le métier, surchargé de barres, de textiles et de cartons Jacquard, tourne lourdement et nécessite une attention soutenue de l'ouvrier pour le nouage des fils rompus.

Le *guage* qui indique la finesse se révèle par le nombre de points. Les gros guages sont les 7, 8 et 9 points qui produisent un réseau à mailles très ouvertes. Les 12, 13, 14 et 15 points sont les guages fins des métiers modernes qui exécutent les meilleures imitations de Chantilly. La fabrication s'opère de bas en haut ; la longueur de la machine, divisée par la largeur de la dentelle fabriquée, produit des bandes toutes semblables, rattachées les unes aux autres par un fil indépendant. Ces bandes réunies forment la pièce écrue dont la longueur s'arrête généralement à 12 yards ou 11 mètres.

La pièce est alors démontée du métier, raccommodée, nettoyée, teintée et apprêtée. On coupe les fils restés flottants, puis vient l'effilage qui consiste à tirer le gros fil qui réunissait les bandes entre elles, l'*écaillage* ou découpage du bord dentelé nommé écaille. Chaque bande subit enfin la vérification, le cylindrage, le pliage en coupes et le pressage qui les parachève en les aplatissant en bonne forme.

A l'aide des derniers progrès réalisés, on a fabriqué à Nottingham des métiers nommés *Gothrough* (aller en travers) qui donnent d'excellents résultats pour les valenciennes et les dentelles analogues, débarrassés des fines barres ils tournent à une vitesse de 140 motions, alors que les métiers Leavers ne marchent qu'à 108 ou 110 motions. Ce supplément de vitesse augmente la production de 30 0/0. Avec eux nous sommes loin des métiers Bobin marchant à bras d'homme que l'on voyait encore en 1880 dans quelques usines.

On a essayé en vain de décentraliser Calais et Lyon en installant des usines à Amiens, à Abbeville, à Lille, à Douai, à Cambrai, à Roubaix, à Seclin, à Grand-Couronne, à Saint-Quentin, à Inchy et à Caudry. Sauf dans ces dernières localités on a échoué partout. Calais a conquis la suprématie incontestée pour les chantilly en soie noire et les superbes matelassés qui sous le nom de *Spanish*, lui ont valu une si juste renommée de 1878 à 1885. Les valenciennes, longtemps disputées par Nottingham, lui semblent acquises aujourd'hui.

Fig. 158. — Métier Leavers avec son Jacquard.

A Lyon on a distancé la concurrence par les grandes pièces magnifiques en soie grenadine exécutées d'abord sur des métiers Puschers et ensuite sur les plus puissants métiers Leavers modernes. A Lyon, seulement, on a produit ces écharpes et ces mantilles espagnoles souples et soyeuses, aux dessins de grand style admirablement exécutés. Lyon jouit d'une réputation universelle pour ses tulles unis en soie, ses alençon illusion, ses chantilly employés nus ou brodés de perles, de paillettes, etc.

Caudry suit timidement le mouvement depuis 1850. La majeure partie de son petit nombre de métiers Bobin et circulaires est employée à fabriquer du tulle uni pour Saint-Quentin.

Vers 1875, la mode des ruches Sarah Bernhardt, favorisa le montage des petites bandes mouchetées de points d'esprit, faciles à fabriquer sur les métiers à quatre barres de fond employés en grand nombre dans la région. Sous l'influence de cette poussée fructueuse, les fabricants ont acquis des métiers Leavers puissants et ils ont suivi Calais dans sa marche en avant. Toutefois, Caudry et Inchy sont restés prudemment dans la fabrication des articles classiques soie ou coton, dans lesquels la modicité de leurs prix leur assure un avenir certain. Plusieurs fabricants de Calais ou de Caudry n'ont pas craint de transporter à Moscou et à Varsovie une industrie si florissante en France, voulant esquiver ainsi les droits d'importation.

Saint-Quentin a donné son nom aux tulles unis, souples ou fermes, triples ou quadruples, si employés par les modistes et les chapeliers. L'ampleur de ses dessins de rideaux lui a permis de lutter avec Nottingham, partout où l'élévation des tarifs de douane ne l'évince pas brutalement.

Les tulles unis qu'on fabrique supérieurement à Nottingham se vendent largement à l'exportation, mais les dentelles soie ou coton qu'on y produit en grande quantité pour les colonies anglaises sont inférieures à celles de Calais, exception faite de quelques très bons fabricants d'imitation de valenciennes.

A Grand-Couronne on fabrique, depuis 1825, des tulles de coton, d'or, d'acier, très appréciés par les brodeurs.

A Condé-sur-Noireau, l'ingénieur Malhère essaya, en 1878, sur un métier de son invention, une fabrication analogue à celle des fuseaux. Cela ne donna pas les résultats espérés.

Depuis l'origine du tulle, jusqu'à nos jours, les dentelles mécaniques ont suivi et copié toutes les dentelles à la main. Après avoir pillé l'ancien et le moderne ; après avoir tué Caen et Bayeux, atteint gravement l'industrie des Vosges et d'Auvergne, les fabricants d'imitation sont à l'affût de la moindre nouveauté à l'aiguille ou aux fuseaux pour la copier mécaniquement. Cependant le court raccord des dessins entrave leurs efforts vers la forme artistique. Les hauts salaires des ouvriers mécaniciens nivellent les prix, et l'absence de solidité des produits mécaniques nuit parfois à leur écoulement. Heureusement ! car sans cela la vraie dentelle aurait disparu depuis longtemps. La vulgarisation des dentelles à la main, la multiplicité des genres et surtout des emplois restent la sauvegarde de deux industries rivales travaillant sous l'égide de l'art français.

Aucun ouvrage n'a traité des dentelles mécaniques avec une connaissance plus complète de la fabrication et une plus grande ampleur de vue que M. Henri Hénon, dans son livre sur ce sujet.

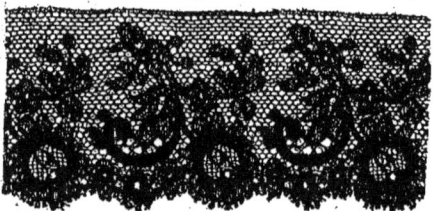

VINGTIÈME LEÇON

Comment on peut discerner les dentelles. — Mélange des dentelles.

Nous voudrions terminer ces leçons par quelques renseignements pouvant être utiles aux personnes qui ont suivi nos explications.
Distinguer une dentelle d'une guipure est aisé ; distinguer entre elles deux dentelles ou deux guipures l'est moins. Déterminer l'origine d'une dentelle et l'époque à laquelle elle a été fabriquée devient difficile. Voici quelques conseils susceptibles de diriger et d'éclairer le jugement en cette circonstance.
1° Il faut examiner le dessin : si la facture révèle la timidité primitive, les formes géométriques, les linéaments rudimentaires des compositions des dessinateurs italiens ou germaniques du xvi° siècle dont les travaux nous ont été transmis par les recueils des patrons de point coupé, on pourra faire remonter la pièce à la première période de la Renaissance. L'ampleur, les larges rinceaux, les guirlandes fleuries, l'atténuation des dents pointues, les personnages, les attributs, seront les indices que la dentelle remonte à la période brillante entre toutes qui va du xvii° siècle à la seconde moitié du xviii° ;
2° On examinera le textile. Le lin révèle une origine plutôt antérieure au xix° siècle. Les fils employés au xvi° siècle étaient d'un titre plus gros que dans la suite où ils s'affinèrent constamment. Les crins employés à l'intérieur des brodes des dentelles indiquent la deuxième période du xvii° siècle. On faisait des dentelles d'or et d'argent sous le règne de Louis XIV et sous le règne de Napoléon Ier. On ne commence à employer la soie qu'à la fin du xvii° siècle et elle était travaillée seule-

ment aux fuseaux. Le chanvre et l'aloès ont été utilisés au xviii° siècle. Le coton ne fut introduit dans nos industries que vers 1800. L'emploi de la laine pour les dentelles, date du milieu du xix° siècle (1).

Examiner l'exécution qui guide sûrement sur le lieu d'origine selon qu'elle est à l'aiguille ou aux fuseaux. Les méplats des toilés ou des grillés, les bourrages, les brides, le réseau, les barrettes, les picots, les reliefs de cartisane, les engrelures, l'état de la dentelle, sa forme spéciale, sa couleur, son aspect général sont autant de points de repère qui aideront à fixer le genre. En consultant nos leçons précédentes la comparaison et le rapprochement avec des objets similaires facilitera les recherches.

On nomme : *bandes* une petite dentelle ou guipure mesurant jusqu'à 10 centimètres de haut ; *volant* une grande dentelle ou guipure dépassant 10 centimètres et dont le dessin est à la *base* et surmonté d'un fond uni ou avec semé ; on y coud l'engrelure ; *entre-deux* une bande à doubles bords droits, avec dessin longitudinal, destinée à être insérée entre deux tissus ; *galon* une bande à double bord dentelé ou découpé, destinée à être appliquée ; *laize* un grand entre-deux à bords droits ou dentelés mesurant de 60 centimètres à 1 mètre 50 de large. On dit aussi fond plein.

Le *pied* d'une dentelle est la partie opposée à la base.

Berthe petit volant (souvent en forme) de 15 à 25 centimètres de haut destiné à garnir le tour des épaules.

Actuellement une faveur générale a accueilli les mélanges de dentelles les plus étranges. On ne saurait s'en plaindre puisque ces compositions parfois jolies et toujours originales, ont réussi au delà de toute espérance.

Révèlent-elles un temps d'arrêt dans le mouvement progressif de nos dentelles véritables, arrivées à leur apogée ? une sorte de lassitude de nos fabricants ? ou marquent-elles un repos bienfaisant, réparateur des forces et précurseur de l'élaboration d'œuvres nouvelles ? Quoi qu'il en soit cette période de transition a donné le jour à une quantité d'innovations, de truquages et de maquillages divers qui ont obligé à recourir à des combinaisons très empreintes d'actualité.

(1) Il faut faire exception pour les dentelles trouvées dans les fouilles de l'Egypte et datant des premiers siècles de notre ère. Ces dentelles étaient faites en laine, en soie ou en fil de lin.

TABLE DES MATIÈRES

✳ ✳ ✳

PREMIÈRE PARTIE
LES BRODERIES

PREMIÈRE LEÇON. — La broderie au point lancé ou point plat, au point de croix, au point de chaînette, au point de figure, etc., sur toile et sur diverses étoffes 5

DEUXIÈME LEÇON. — La tapisserie à l'aiguille 21

TROISIÈME LEÇON. — La broderie au crochet au tambour. 40

QUATRIÈME LEÇON. — La broderie en perles, en jais, en paillettes et en chenille. 49

CINQUIÈME LEÇON. — La broderie en soutache, en lacet et en galon . . . 65

SIXIÈME LEÇON. — La broderie d'or. 72

SEPTIÈME LEÇON. — Broderie en ruban, dite rococo. — Broderie en relief en mousseline de soie. 94

HUITIÈME LEÇON. — Broderie mécanique, etc. 101

NEUVIÈME LEÇON. — Les métiers suisses. — Métiers à bras. — Métiers Schiffli. 124

DIXIÈME LEÇON. — Broderies mélangées. — Mélange des broderies à la main et des broderies mécaniques 140

TABLE DES MATIÈRES

DEUXIÈME PARTIE
LES DENTELLES

ONZIÈME LEÇON. — Dentelles brodées sur tulle. ... 145

DOUZIÈME LEÇON — Les dentelles Renaissance de la Haute-Saône, de Luxeuil, de Nomeny ... 159

TREIZIÈME LEÇON — Le crochet. — Les guipures d'Irlande. — Le Tricot. — Le Macramé. — La Frivolité ... 170

QUATORZIÈME LEÇON — Chantilly. — Blonde. — Caen. — Bayeux. 183

QUINZIÈME LEÇON. — Valenciennes, Bailleul, Ypres, Malines, Binche. 193

SEIZIÈME LEÇON. — Guipures de Flandre, Duchesse, Bruges, Brabant, point de Milan, point de Gênes, point de Raguse. 204

DIX-SEPTIÈME LEÇON. — Point d'Angleterre. — Application de Bruxelles à l'aiguille et aux fuseaux. 214

DIX-HUITIÈME LEÇON. — Russie, Bohème, Barcelone, Portugal. 222

DIX-NEUVIÈME LEÇON. — Les tulles et les dentelles mécaniques 225

VINGTIÈME LEÇON. — Comment on peut discerner les dentelles. — Mélange des dentelles. 237

Paris. Imp. Paul Dupont (Cl.) 625.4.1907.

www.ingramcontent.com/pod-product-compliance
Lightning Source LLC
Chambersburg PA
CBHW051920160426
43198CB00012B/1970